정원의 책

일러두기

- 외국 작품 중 국내에 번역, 출판된 경우 그 작품명을 그대로 실었습니다.
  그렇지 않은 경우 임의로 번역했고 원제를 함께 표기했습니다.
- 단행본은 《 》로, 시/잡지/신문/그림/영화 등은 〈 〉로 표기했습니다.
- 집필에 참고한 자료, 그 외 본문과 함께 알아두면 좋은 내용은 미주에 표기했습니다.

정원의 책

괴테에서 톨킨까지,
26편의 문학이 그린 세상의 정원들

황주영 지음

프롤로그
가든 라이팅으로 만든
꽃다발

정원 독서. 이 책의 초고와 메모 파일을 모은 폴더의 이름이다. '정원'과 '독서'라는 두 아름다운 단어를 결합한 활동, 즉 정원에서 책 읽기, 정원에 대한 책 읽기, 정원을 책처럼 읽기는 내가 (좋아)하는 일이다. 정원에서는 무엇을 해도 즐겁지만 책을, 이왕이면 정원과 관련된 책을 읽어보자. 그런데 정원도 읽을 수 있다고? 그렇다. 정원을 가꾸며, 아니 시간을 들여 정성스레 찬찬히 살펴보자. 그저 사진 찍기 좋은 예쁜 풍경 같던 곳들이 달라 보인다. 각 요소가 글자가 되고, 단어가 되고, 문장이 되고, 문단이 되고, 글이 된다. 어떤 정원은 잔잔한 시 같고, 또 어떤 정원은 후속편이 기대되는 연재 소설 같고, 어떤 정원은 음… 홍보 전단 같다. 그리고 정원의 모습을 분석하고, 정원이 전하려는 메시지를 읽고, 보이지 않는 행간을 헤아려 비평하는 일은 예술 작품을 이해해나가는 과정과 크게 다르지 않다. 때로는 덧없고 무용한 아름다움, 사라지고 되살아나는 과정에 경탄하는 것까지도. 그렇기 때문에 문학에서 미술사로, 또 조경사로 전공은 달라졌어도 하는 일은 크게 달라지지 않았다. 오히려 연구 주제를 좁히면서 정원의 세계를 더욱 깊게 들여다보게 되었다.

그런데 정원은 무엇일까. 모두가 정원이 무엇인지 알고 있지만 막상 그것이 어떠한 곳인지 말하기는 녹록지 않다. "집 안에 있는 뜰이나 꽃밭"이라는 표준국어대사전의 정의나 "식물, 토석, 시설물(조형물을 포함한다) 등을 전시·배치하거나 재배·가꾸기 등을 통하여 지속적인 관리가 이루어지는 공간(시설과 그 토지를 포함한다)"이라는 '수목원·정원의 조성 및 진흥에 관한 법'의 정의는 맞는 말이지만 정원이 담고 있는 풍부한 의미는 쏙 빼놓은 듯하다. 조경 연구의 대선배이기도 한 나의 아버지의 연구, 즉 땅에 울타리를 두르고 생산(채소, 과수, 약초 등)이나 즐거움(화초, 새, 물고기, 자연 감상 등)을 추구하는 곳이 정원의 원형이라는 해석과 이와 비슷하게 울타리를 두른 땅에 소중하고 가장 좋은 것(채소와 과일, 꽃과 동물, 생계 수단 등)을 두어 지키는 데에서 정원이 시작되었다고 하는 프랑스의 조경가 질 클레망Gilles Clément의 말이 좀 더 정확하고, 조경사 수업 시간에도 이를 바탕으로 정원을 설명한다. 그런데 우리에게 정원은 무엇일까. 인류는 아주 오래전 문명 생활을 시작했을 때부터 이런저런 정원을 가꾸어왔다는데, 거기에는 필시 이유가 있을 테다. 나는 오랫동안 그 답을 예술에서 찾아보려 했다.

정원을 공부하기 시작했을 무렵에는 많은 것을 설명하고 증명해야 했다. 학교 밖 사람들은 "정원 하면 꽃 심고 나무 가꾸는 일인데 그게 학문의 대상이 된다고? 그럼 뭘 배우나? 졸업하면 꽃집 하는 건가? 그런데 너 불문과 나왔잖아?"라는 질문을 던졌다. 학교에서는 지도 교수님조차도 "중요하고 의미 있는 주제지…. 그런데 졸업하고 취업은 어떻게 할래?"라며 걱정하셨다. 묵묵히 책을 들여다보는 사이에 세상은 조금 달라졌고, 사람들이 좀 더 정원에 관심을 갖게 되었다. 코로나19 팬데믹을 겪으며 정원이 주는 위안과 기쁨을 나누고 그 의미를 찾고자 하는 큰 흐름이 생겼다. 정원에 대한 책도 쫓아가기 버거울 정도로 많이 출간되고 있다. 사놓고 펼쳐보지도 못한 책이 쌓여가는데 나까지 나서야 할까.

그럼에도 불구하고 굳이《정원의 책》을 쓴 것은 내가 읽고 싶은 '그 책'이 없어서다. 터지기 일보 직전인 옷장에 입을 옷이 없고 식재료 가득한 냉장고에 먹을 게 없듯, 겹겹이 아슬아슬하게 꽂아놓은 책장에 읽을 게 없다. 딱 그 책만 없는 것 같다. 이 책 저 책 헤집다 책상만 더 어수선해진다. 바라는 게 있는데 그걸 갖지 못하거나 있는 게 성에 차지 않아 애타는 마음을 감질疳疾이라고 한다는데, 정원에 대한 책을 읽을 때의 헛헛함이 감질 증상인가 보다. 이 병을 어떻게 고칠까. 일찍이 토니 모리슨이 말하지 않았던가. 정말로 읽고 싶은 책이 있는데 아직 그런 책이 없다면 당신이 직접 써야 한다고. 그런 마음으로 글을 썼다. 조금은 투덜거리며.

 정원과 글쓰기라는 두 세계를 연결하는 작업은 이미 많은 작가들이 해온 일이고 이를 '가든 라이팅garden writing'이라고 부른다. 식물 재배법 같은 아주 기술적인 글부터 역사와 이론서, 정원을 가꾸는 일에 대한 에세이, 정원이 등장하는 소설과 시, 심지어는 최초의 낙원 정원이 묘사된 성경과 코란에 이르기까지 다양한 글들이 여기에 해당한다. 조금 과장하면 이 세상에 정원과 관련되지 않은 분야는 거의 없는 것 같다. 그중에서 문학 작품 속 정원을 가장 많이 또 오래 들여다보았다. 정원이 등장하는 문학은 많다. 그저 배경일 때도 있지만 정원이 없으면 안 되는 작품도 있고, 정원이 숨은 주인공이기도 하다. 실제로 있는 정원이기도 하고 어떤 때는 은유적으로 정원이라 부르는 곳도 있다. 이토록 많은 정원들이 어떤 이야기를 전하고자 하는지를 알아보고 또 알리고 싶었다. 이 책을 쓰기 위해 새로 읽은 작품도 있고 논문 자료도 있었지만, 어릴 적 읽은 소설을 다시 읽으며 그 안에서 정원을 새로이 발견하기도 했다. 이러한 과정을 통해 정원을 공부하며 늘 품어온 '왜 우리는 정원을 가꾸는가? 혹은 가꾸어야 하는가?'라는 정답 없는 질문에 대한 실마리를 조금이나마 찾을 수 있었다.

이 책은 그 정원 독서의 기록 중 일부를 그러모은 것이다. 정원에 대한 글을 쓴다지만 내 머릿속 '지식의 정원'은 잡목림에 가깝다. 한 분야의 전문가라면 감탄할 만치 질서 정연한 정원이나 다양한 분야를 아우르는 지식과 교양이 건강한 생태계를 이룬 숲, 아니면 우후죽순 논문을 쭉쭉 생산하는 대나무숲이라도 가꾸어야 할 것 같은데 이번 생에는 틀린 것 같다. 일단 사고 보는 적독積讀이 가풍이라지만 가족들도 어처구니없어할 정도로 다양한 장르를 산만하게 읽는다. 정원 연구가 생계 수단이 되니 세상 모든 콘텐츠에서 정원을 찾아내는 안테나가 생기고, 자료가 쌓인다. 그래도 그 안에서 마침내 싹이 돋고 무언가가 자라나 한 권의 책이 되었다. 정원 독서라는 폴더 이름을 그대로 쓸까도 고민했지만 좋아하는 17세기 화가 클로드 로랭의 작품 스케치 모음집《진실의 책 Liber Veritatis》을 감히 본떠《정원의 책 Liber Horti》이라는 제목을 붙여본다.

　스물여섯 개의 글들을 연결해보니 치유, 사랑, 욕망, 생태라고 하는 네 개의 주제가 나타났다. 여러 상황에서 쓰인, 각기 다른 이야기를 하는 글들이 이렇게 모이는 게 신기했고, 또 이것이 지금 내가 정원에서 읽고 싶어 하는 것임을 깨달았다. 문학 속 정원을 읽어내는 작업이지만 이를 통해 나의 다양한 모습을 들여다볼 수 있었다. 이 책을 통해 독자들이 정원에서, 정원을 담은 문학에서 이런 이야기를 읽어낼 수도 있구나 하고 생각해주길. 모든 것이 순식간에 지나가고 소비되는 시대에도 정원과 문학처럼 시간과 관심을 기울여 살펴야 하는 것이 여전히 있음을 기억해주길. 조금 더 욕심을 부린다면 이 책의 글감이 된 작품들이 더 알고 싶어지길, 함께 읽고 싶어지길 바란다.

　이 책은 예상보다 오래 걸렸다. 수록된 글 중 다수의 초고를 월간 〈환경과조경〉 등에 게재했음에도 고치고 다듬는 일에 게을렀다. 여러 이유가 있지만 무엇보다 내가 겁쟁이인 까닭이다. 논문이나 보고서, 번역과 달리 에세이는 나를 전면에 드러내고 이해와 공감을 얻어야 한다. 이 지극히 사적인 독서들이 그저 수많은 그림자가 쌓여 만들어진 허상, 명작 뒤에 숨은 호가호위, 아니면 좀 긴 혼잣말일지도 모른다는 두려움이 컸다. 그렇게 미루고 도망치는 저자를 인내심 있게 다독이고 지지하여 출판까지 오도록 이끌어주신 이윤주 편집자님과 정진항 이사님, 책을 기획하고 출간을 제안한 권순범 편집자님께 감사드린다.

저자의 이름은 나지만 나는 대표 저자일 뿐이다. 이 책의 글감이 된 가든 라이팅의 선배이자 마음의 스승들의 가르침을 따라왔고, 그중에는 조경가의 길을 먼저 걸어오신 부모님도 계신다. 책과 정원이 있는 세계를 만들어주신, 아니 책과 정원, 예술의 세계로 이끌어주신 부모님이 없었다면 이 책을 쓸 수 없었을 것이다. 《정원의 책》은 나의 책이지만 또 그분들과 함께 쓴 책이다(그리고 엄마의 그림 한 점을 책에 담았다!). 키케로는 "서재에 정원이 있다면 모든 것을 가진 것이다"라고 했는데 나의 어린 시절은 정말로 그러했다. 책과 정원으로 충만했던 유년기의 저자인 부모님께 글을 모아 만든 이 꽃다발anthology을 바친다.

2025년 6월
황주영

차례

프롤로그 가든 라이팅으로 만든 꽃다발   5

1. 치유의 정원

하지만 우리의 정원을 가꾸어야 합니다   19
볼테르,《캉디드 혹은 낙관주의》

마법이 정원에 있네   25
프랜시스 호지슨 버넷,《비밀의 정원》

19세기 리틀 포레스트   33
귀스타브 플로베르,《부바르와 페퀴셰》

사생활인데 무슨 상관입니까?   42
찰스 디킨스,《위대한 유산》

취약하고 즐겁게, 인간답게   52
조반니 보카치오,《데카메론》

센트럴파크를 만든 여행   59
프레더릭 로 옴스테드,《미국 농부의 영국 도보여행과 이야기》

2. 사랑의 정원

언젠가 본 적 있는 정원   73
조르조 바사니,《핀치콘티니가의 정원》

인내와 시간이 만든 자연미   82
장 자크 루소,《신엘로이즈》

네 사람의 어긋난 케미스트리   90
요한 볼프강 폰 괴테,《친화력》

그 정원은 한낱 꿈이었지만   98
프란체스코 콜론나,《힙네로토마키아 폴리필리》

죽음으로도 죽지 않는 사랑   105
크리스티앙 보뱅,《그리움의 정원에서》

스위트 캔디, 근대의 향기   112
이가라시 유미코,《캔디 캔디》

사랑엔 결코 지나침이 없음을   121
파스칼 키냐르,《우리가 사랑했던 정원에서》

3. 욕망의 정원

투기판 속 신흥 부자들의 정원   133
에밀 졸라, 《쟁탈전》

왕자님, 너무 감상적이에요   140
요한 볼프강 폰 괴테, 《감상주의의 승리》

여름이었다   150
에벌린 워, 《다시 찾은 브라이즈헤드》

사랑보다 아름다운 유혹의 정원   158
도미니크 비방 드농, 《내일은 없다》

왕의 산책을 따라가기   170
루이 14세, 《베르사유 정원을 보여주는 법》

정원에도 윤리가 있다면   177
마틴 에이미스, 《존 오브 인터레스트》

앎으로 삶을 풍요롭게   186
가이우스 플리니우스 세쿤두스, 《자연사》

4. 생태의 정원

인류 최초의 환경파괴범   199
《길가메시 서사시》

도토리 100개를 매일 심는 마음   204
장 지오노, 《나무를 심은 사람》

일어나세요, 비 공주님   211
테오도어 슈토름, 〈레겐트루데〉

나무수염이 전하는 이야기   222
J. R. R. 톨킨, 《반지의 제왕》

최초의, 최후의, 다시 최초의 아담과 이브   235
마거릿 애트우드, '미친 아담 3부작'

지구 정원사는 떠나지 않는다   250
김초엽, 《지구 끝의 온실》

미주   264

1. 치유의 정원

클로드 모네 | Claude Monet, 〈앙티브의 정원사의 집 Gardener's House at Antibes〉(1888)

하지만 우리의 정원을
가꾸어야 합니다

볼테르, 《캉디드 혹은 낙관주의》

한 해를 마무리하며 살짝 의기소침해질 때면 영화 〈세 얼간이Three Idiots〉를 본다. 긴가민가한 인도식 영어와 전혀 못 알아듣는 힌디어 사이에서도 "알 이즈 웰All is well"만큼은 잘 들린다. 주인공 란초는 큰 문제에 부딪혔을 때 가슴에 손을 얹고 "알 이즈 웰"을 되뇌면, 문제가 해결되지는 않아도 이를 해결해나갈 용기가 생긴다고 한다. 매사 낙천적이지만 올곧은 판단을 하는 그를 보고 있자면 볼테르Voltaire의 소설 속 인물 캉디드가 떠오른다.

프랑스 문학 수업을 수강할 때, 이해에 앞서 일단 시험을 위해 외우고 봤던 구절들이 있다. 가령 카뮈Albert Camus의 《이방인L'Étranger》에서 어떤 이유로 뫼르소가 아랍인을 죽였는지, 사르트르Jean-Paul Sartre의 《구토La Nausée》에서 로캉탱은 왜 구역질을 해대는지, 프루스트Marcel Proust의 《잃어버린 시간을 찾아서A la recherche du temps perdu》에서 마르셀은 마들렌 한 조각에 뭐 그렇게 호들갑인지, 그리고 볼테르의 《캉디드 혹은 낙관주의Candide, ou l'Optimisme》(1759, 이하 《캉디드》)의 "하지만 우리의 정원을 가꾸어야 합니다"라는 마지막 문장은 무슨 뜻인지 등등이 그 예다.

《캉디드》의 마지막 구절 "우리의 정원을 가꾸어야 한다"는 정원에 대한 강연을 마무리할 때 인용하면 상당히 있어 보인다. 하지만 캉디드가 이 말을 하게 되기까지는 우여곡절이 많았다. 그는 독일 베스트팔렌 지방에 있는 툰더텐 트론크 남작의 성에서 남작 누이의 사생아로 태어났고, 그곳이 세상에서 가장 좋은 곳이라고 믿었다. 왜냐하면 타고난 성품이 유순하고 해맑았고(그의 이름 캉디드는 프랑스어로 순박하다는 뜻이다), 또 가정교사 팡글로스가 그렇다고 가르쳤기 때문이다. 팡글로스의 낙관주의optimism는 당시에는 신조어였다. 라이프니츠가 라틴어로 '최선'을 뜻하는 단어 옵티뭄optimum을 이용해 낙관주의라는 용어를 만들었고, 이를 볼테르가 《캉디드》에 사용하면서 널리 퍼지게 되었는데 보다시피 긍정적인 뉘앙스는 아니다.

구대륙과 신대륙 곳곳을 누비는 캉디드의 여정 중 툰더 텐 트론크 남작의 성, 엘도라도, 마지막의 콘스탄티노플 외곽의 정원을 차례로 눈여겨보자. 캉디드가 나고 자란 툰더 텐 트론크 남작의 성은 시대착오적인 곳이지만 그에게는 타락 이전의 에덴동산 같은 곳이다. 하지만 캉디드는 남작의 딸 퀴네공드와 입맞춤을 하다 들켜 낙원과 같던 성에서 쫓겨난다. 이후에는 이제까지의 행복한 삶이 무색하리만큼 불운한 사건과 사고가 이어진다. 추위와 굶주림, 강제 입영, 전쟁, 일가족 몰살, 강간, 절도와 강도, 지진(특히 소설 속에도 생생하게 묘사되는 1755년 리스본 대지진은 하필 만성절 축일에 가톨릭 신앙이 독실했던 도시에서 일어난 사건이었고, 재난은 곧 종교의 이름을 내걸고 악함을 드러내는 사람들에 의해 재앙으로 바뀐다), 해적, 난파, 사기, 매독, 종교재판, 싸움, 교수형, 신체 해부, 매춘, 흑사병, 장애, 노예, 갤리선 노역 등 18세기 사람들이 상상할 수 있는 모든 재난은 다 등장한다. 바다 건너 신대륙 남미에 갔으나 영화〈미션The Mission〉에도 등장한 예수회 선교사와 유럽인들의 폭정으로 그곳도 크게 다르지 않았다. 이러한 여정 속에서 캉디드는 "이것이 가능한 최선의 세상이라면, 다른 세상들은 대체 어떻단 말인가?"라며 팡글로스에게서 배운 낙관주의를 회의하고, 정신적으로 성숙해간다.

　온갖 여행 끝에 캉디드는 엘도라도에 다다른다. 옛 잉카의 왕국인 엘도라도는 완전히 새로운 세계다. 필요를 위해 농사를 짓는 것만큼이나 기쁨을 위해 농사를 짓고, 모든 것이 유용하면서도 아름답다. 금실로 짠 비단옷을 입은 아이들은 길에 굴러다니는 금과 보석으로 과녁 놀이를 하고, 여행자를 위한 주막은 무료다. 왕은 군림하나 통치하지 않고, 종교를 포함하여 사람들을 억압하고 처벌하는 제도도 없고, 모두가 자유롭고 평등하고 행복하다. 이런 엘도라도의 모습을 통해 구세계의 모순이 자연스럽게 드러난다.

　하지만 모든 것이 최선인 곳에서도 캉디드는 만족하지 못한다. "사람이란 원래 돌아다니는 것을 좋아하고 주변 사람들 속에서 자기 가치를 세우기를 좋아하고 자기가 여행하면서 본 것을 자랑하고 싶어 하는 법"이기 때문이다. 캉디드는 엘도라도의 돌멩이(보석)와 진흙(황금)을 잔뜩 짊어지고 출발했지만, 여정 속에서 이를 조금씩 잃고 마지막에는 남은 것이 거의 없는 채 콘스탄티노플 외곽의 작은 정원의 세계에 도달한다. 만남과 헤어짐을 반복하던 다른 인물들도 결국 모두 모였다. 툰더 텐 트론크 성에서 쫓겨난 이래 캉디드가 추구한 모든 것이 최선인 삶은 이제 이 작은 정원 공동체에서 이루어지는 듯하다.

하지만 행복도 잠시, 이곳의 생활은 너무나 고단하고 지루하여 이전에 겪었던 온갖 불행을 맛보는 것과 이곳에서 아무 일도 하지 않는 것 중에서 어느 쪽이 더 나쁜 상황인지를 고민하는 지경에 이른다. 이에 대한 답은 명성 높은 현자가 아니라 우연히 만난, 작은 땅을 자녀들과 일구며 사는 노인에게서 얻는다. 그의 소박하고 정직한 생활을 통해 이들은 "권태, 방탕, 궁핍"이라는 세 가지 악에서 멀어지는 삶을 사는 방법을 깨닫게 된다. 팡글로스는 예의 그 장광설을 펼치면서 "자네도 알다시피"라고 하는데 캉디드는 "우리의 정원을 가꾸여야 한다는 것을 저도 압니다"라고 맞받아친다. 염세주의자 마르탱은 이러쿵저러쿵 따지지 말고 일하는 게 인생을 견딜 만하게 해주는 유일한 방법이라고 한다.

팡글로스는 캉디드가 툰더 텐 트론크 성에서 쫓겨나 겪은 수많은 고난과 좌절이 없었다면, 종교재판에 회부되지 않았다면, 아메리카 대륙을 누비고 다니지 않았다면, 칼로 남작을 찌르지 않았다면, 엘도라도 낙원에서 끌고 온 양들을 잃어버리지 않았다면, 여기서 설탕에 절인 레몬과 피스타치오 열매를 먹지 못했을 것이라고 한다. 옛 스승이고 뭐고 멱살잡이라도 할 법한데 캉디드는 "지당한 말씀입니다"라고 답한다. 그리고 나서는 처음으로 스승의 말에 "하지만mais"이라며 토를 단 뒤에 말한다. "우리의 정원을 가꾸어야 합니다il faut cultiver notre jardin."

갑작스러운 해피 엔딩. 뒤에 설명이 있을까 페이지를 넘겨보아도 흰 종이니 어리둥절한 채로 책을 덮는다. 시험 답안지에 뭐라고 썼는지는 안타깝게도 전혀 기억이 안 나고, 이 열린 결말의 의미는 솔직히 여전히 잘 모르겠다. 툰더 텐 트론크 성에 살던 시기의 캉디드는 해맑고, 스승의 말을 무조건적으로 수용했다. 그리고 모든 일을 겪고 난 뒤에도 그는 여전히 해맑다. 이게 정말 대단하다고 생각한다. 이는 그가 아둔하거나 그저 착해빠져서가 아니라, 그럼에도 불구하고 선하려는 의지를 지녔기 때문이다. 수많은 가능한 세상 가운데 가장 좋은 세상은 권력이나 신분, 돈, 공허한 담론으로 만들 수 없고, 저절로 주어지는 것은 더더욱 아니다. 이는 정원을 가꾸듯 차근차근 스스로 만들어가야 한다. 그리고 세상이 더 이상 낙관적이지 않을 때에도 정원처럼 가꾸는 장소가 있어야 한다는 바람이기도 하다. 캉디드 못지않게 용케 살아남고 있는 우리에게도 "알 이즈 웰"이라고 말할 장소가 필요하니 말이다. 그리고 이 정원은 나의 정원이 아니고 우리의 정원이다.

마법이 정원에 있네

프랜시스 호지슨 버넷, 《비밀의 정원》

"해가 비치네, 해가 비치네, 그것은 마법.
꽃이 자라네, 뿌리가 뻗네, 그것은 마법.
살아 있는 게 마법, 튼튼한 것이 마법.
마법이 내 안에 있네, 마법이 내 안에 있네.
내 안에 있네, 내 안에 있네.
우리 모두 안에 있네."

- 콜린의 마법 주문

코로나19 팬데믹이 한창일 때는 보조 모니터가 나의 영화관이었다. 근사한 시설도, 어둠 속에서 기대하는 마음도 없이 클릭 몇 번으로 결제 완료, 스트리밍 시작. 다른 일을 하면서 흘깃흘깃 본다. 지루하다 싶으면 속도를 높이고, 중간중간 건너뛴다. 이렇게 〈시크릿 가든The Secret Garden〉 (2020)을 보았다. 아끼는 소설을 원작으로 하고 주제도 '덕업일치'하며 좋아하는 배우가 출연하기에 오랫동안 기대했건만, 당황스러울 만치 재미가 없었다. 이럴 리 없는데, 내가 변했을까. 내셔널 트러스트The National Trust가 관리하는 영국 최고의 정원들이 배경이 되고, 〈해리 포터〉 미술팀이 촬영하여 눈요깃거리도 화려한데 말이다. 그 이유를 곰곰이 생각해보았다.

영화 〈시크릿 가든〉의 아이들은 정원을 가꾸지 않는다.

정원과 관련된 대중 강의를 할 때 프랜시스 호지슨 버넷Frances Hodgson Burnett의 《비밀의 정원The Secret Garden》(1911)을 정원 가꾸기가 지닌 치유와 공감의 힘을 전달하는 소설이라고 소개한다. 버넷이 이 책을 썼을 무렵에는 원예 치료therapeutic gardening라는 용어가 있긴 했으나, 오늘날처럼 널리 쓰이지는 않았다. 정원은 오랫동안 유한 계층의 상징자본이었고, 정원 일은 정원사의 노동, 혹은 숙녀의 고상한 취미로 여겨졌다. 식물을 심고 가꾸고 흙을 만지는 일, 식물의 생로병사를 함께하는 일 자체에 의미가 있고, 그 과정 속에서 다친 마음을 보듬을 수 있다는 생각은 양차 세계대전 이후에야 나타난다. 전쟁에서 돌아온 이들에게 여러 이상한 증세가 나타났는데, 단지 자연 속에서 햇빛을 쬐며 정원을 가꾸기만 했는데도 병원에 있을 때보다 나아졌다는 것이다. 이후 베트남전 참전 군인들의 외상 후 스트레스장애 PTSD가 연구되면서 원예 치료의 연구와 실무도 발달한다.

그런데 영화〈시크릿 가든〉은 원작 소설에 담긴 정원을 가꾸는 과정의 의미를 축소하고, 막연한 기적적 치유의 공간으로 설정했다. 영화 속 아이들은 정원(이라기엔 너무 넓고, 다채롭고, 버려진 정원이라기엔 지나치게 잘 가꾸어졌다)을 가꾸기는커녕 흙 한번 파보는 일 없이 놀다가 가버리는 방문자다.

원작 소설과 이전에 제작된 영화가 모두 성공한 작품을 리메이크하는 일에는 상당한 부담이 뒤따른다. 잘해봤자 본전치기인 상황에서 전작을 넘어서는 무언가가 있어야 하기 때문이다. 영화와 달리 소설《비밀의 정원》속 메리는 미슬스웨이트 저택의 '비밀의 정원'을 리메이크하는 데 성공한다. 비결은 무엇이었을까? 아니 그 전에 왜 메리 아가씨는 정원을 가꾸려 했을까?

소년소녀 명작동화를 탐독하던 시절,《비밀의 정원》의 메리에게 마음이 갔다. 다른 작가들의 동화 속 주인공들은 물론이거니와 버넷의 작품인《소공자Little Lord Fauntleroy》(1886)의 세드릭이나《소공녀A Little Princess》(1905)의 세라는 너무나 모범적이고, 스타일도 좋고, 긍정과 인내의 미덕을 체현하는 인물이라 위인전의 위인들만큼이나 멀게 느껴졌다(노블레스 오블리주를 실천하는 어린이라니, 오 이런. 그 나이의 나는 오빠, 동생과 과자 한 봉지 가지고 치열하다 못해 치사해질 때까지 싸웠는데). 그에 비해 메리는 예의상의 배려도 찾아볼 수 없는 이기적이고 심술궂은 응석받이인 데다, 외모도 볼품없는 아이로 등장한다. 대개 동화에서 이런 아이들은 주인공을 돋보이게 하는 악역이고, 마지막에는 혼쭐이 나며 독자들에게 교훈을 준다. 하지만 메리는 스스로 조금씩 변화하고, 자라난다. 지금 생각해보니 그래서 좋아했나 보다.

 이야기의 시작에서 메리는 많은 것을 가졌지만, 어린아이에게 가장 필요한 부모의 사랑을 받지 못한 아이다. 식민지 관리로 늘 바쁜 아버지와 딸을 원한 적 없던 어머니는 메리를 인도인 유모에게 맡겨 키운다. 메리에게 "누군가의 어린 딸로서 지낸 적이 없는 것 같은 기분"을 주는 그런 무관심한 부모마저 전염병으로 갑작스럽게 죽는다. 고아가 된 메리는 나고 자란 인도를 떠나 일면식도 없는 영국의 친

척 집에 맡겨진다. 그곳도 메리에게는 집이 아니고, 100개의 잠긴 방이 있는 또 하나의 닫힌 곳처럼 보인다. 상황이 이러니 메리가 제멋대로에 자기밖에 모르면서 또 자기를 좋아하지 않고, 항상 가시를 세우고 있는 게 이상한 일도 아니다.

　서툴게나마 주변과 관계를 맺기 시작하며 메리는 있는 줄도 몰랐던 결핍을 인식한다. 자기밖에 모르다가 하녀 마사의 동생 디컨의 이야기를 듣고 어떤 아이인지 궁금해진다. 아무것에도 관심이 없다가 닫혀 있는 정원에 대한 이야기를 듣고는 아직도 정원에 꽃이 살아 있는지 호기심이 생긴다. 황무지의 울새와 대화하다가는 뚱한 기분이 들고 심통이 나는 게 사실은 외로움 때문이라는 것을 고백한다. 심지어는 며칠 동안 저택 주변을 돌아다니고 나서는 드디어 배가 고프다는 것이 어떤 기분인지도 느낀다. 울새가 자신을 기억해주는 듯하자 숨을 쉴 수 없을 정도로 행복해하며 온몸으로 애정을 표현할 정도로 메리는 경직되고 또 정에 굶주려 있었다.

　열 살의 메리는 자기처럼 10년간 "아무도 원하지 않고 아무도 돌보지 않고 아무도 들어가지 않은" 정원에 호기심을 넘어 강렬한 동질감을 느낀다. 메리에게 비밀의 정원을 들여다보고, 죽은 풀과 잡초를 제거하고, 새싹을 심으며 돌보는 것은 자신의 내면을 돌보는 일이었다. 정원을 발견하고, 심지어 이를 훔치면서까지 정원을 가꾸려 하는 것은 남들 몰래 홀로 가두어진 채 죽어가는 정원을 내버려둘 수 없기 때문이다. 메리가 정말로 회생시키려 한 것은 정원이 아니라 자기 자신이었을 것이다.

미슬스웨이트에서 비밀의 정원을 가꾸기 이전에도 메리는 정원을 만들려 한 적이 있다. 인도에 콜레라가 돌기 시작한 그 무시무시하게 더웠던 어느 날 아침, 평상시와 달리 자기를 돌봐주는 인도인 유모가 오지 않자 메리는 정원으로 나가 나무 아래서 혼자 논다. 작은 모래 더미 위에 커다란 선홍색 히비스커스 꽃을 꽂고 화단을 만드는 척했지만, 이 뿌리 없는 정원은 살아남지 못한다. 고아가 된 후 임시로 맡겨진 영국인 목사 집에서도 다른 아이들과 잘 어울리지 못하고 혼자 정원을 만들며 놀았다. 하지만 다른 아이가 끼어들자 화를 내고, 이 정원도 사라진다. 의식하지 못했지만 메리에게는 정원 같은 것을 만들고자 하는 본능적인 욕구, 보호받고 싶은 마음, 자신이 머물 곳, 가꾸고 정을 주고받을 수 있는 대상에 대한 갈망이 있었다.

메리의 돌봄은 과거의 자기 못지않게 신경질적이고 이

기적인 사촌 콜린에게로 확장된다. 그는 태어나 거의 침대를 벗어난 적이 없을 정도로 병약했고, 메리처럼 부모의 사랑을 받지 못했다. "사랑을 모르는 소녀와 자기가 곧 죽을 거라고 믿는 아픈 소년"은 점차 친밀감을 쌓아가고, 마침내 비밀의 정원을 공유한다. 회색의 죽은 공간처럼 보이던 정원에 봄이 오고 메리와 콜린은 "모든 꽃과 이파리, 초록색의 식물들과 새, 야생동물들이 함께 춤을 추며 지나가는 것 같은" 기분을 함께 느낀다. 그리고 우울과 막연한 권태 속에서 죽음 외의 것은 생각 못 하던 콜린은 처음으로 삶의 이유를 발견한다. 정원의 봄을 보았으니 여름도 볼 것이고, 자라는 모든 것을 보고, 영원히 살겠다는 것이다. 마법 같은 봄날의 정원에서 콜린은 죽은 어머니에 대한 상처와 아버지에 대한 두려움을 극복하고, 건강도 회복하여 마침내 걸을 수 있게 된다.

돌봄의 손길이 없어 황폐해졌던 정원은 메리에 의해 "지상의 모든 환희"가 있는 곳으로 다시 살아나고, 이어 자신의 치유와 생명의 힘을 전파하고 공유한다. "안전하고 고요한 공간"에서 정원을 가꾸면서 "자기 굴에 숨어 있는 새끼 동물" 같던 메리와 콜린은 각자의 문제를 극복하고, 몸도 마음도 자란다. 나아가 이 회복의 생명력은 멀리 떨어진 콜린의 아버지에게까지 전달된다. 마치 봄을 피하듯 밖으로만 떠도는 잔뜩 웅크린 마음을 지닌 콜린의 아버지는 어느 날 꿈에서 자신이 정원에 있다고 하는 아내의 목소리를 생생하게 듣는다. 서둘러 영지로 돌아온 그는 아이들의 웃음소리에 이끌려 정원으로 가고 그곳에서 소생한 정원과 아들을 본다.

《비밀의 정원》은 해피 엔딩으로 끝나는 전형적인 성장소설이다. 이렇게 쉽게 문제가 해결될까 갸우뚱하게 되기도 하지만, 그래도 메리와 콜린은 앞으로도 그럭저럭 헤쳐 나갈 것 같다. 힘들 때마다 기댈 수 있는 마음의 심지가 되는 정원을 가졌으니 말이다. 이 동화가 오늘날까지 사랑받는 고전이 된 것은 자연의 마법적인 힘을 넘어 서로를 치유하며 살리는 희망의 연대를 보여주기 때문이 아닐까. 멈춰 있더라도, 심지어는 죽어 있는 것처럼 보인다 하더라도 관심을 갖고 함께 돌보면 살아나고, 다시 봄을 맞을 수 있다. 그리고 이는 정원에만 해당하는 이야기는 아닐 것이다.

19세기
리틀 포레스트

귀스타브 플로베르, 《부바르와 페퀴셰》

친구들과 이런저런 잡담을 나누다 보면 누군가 로또 이야기를 꺼내곤 한다. 일확천금하면 그 많은 돈을 어떻게 쓸까 하는 걸로 이야기의 주제가 바뀌고, 이 실없는 망상은 점점 치밀한 계획이 되어간다. 금융계에 종사하는 이의 포트폴리오를 본받아야겠지만, 공기 맑고 조용한 시골에서 평화롭고 작게 텃밭 꾸려 바비큐 파티 하고, 대형견도 키우고, 그림도 그리고, 철철이 꽃 보며 느긋하게 살겠다는 친구의 꿈이 더 달다. 〈전원일기〉를 보고 자란 세대는 커서 영화 〈리틀 포레스트Little Forest〉나 〈인생 후르츠人生フルーツ〉, 예능 프로그램 〈삼시세끼〉처럼 소박하게 자급자족하는 이른바 '킨포크kinfolk 라이프'를 꿈꾼다. 사실 안온한 시골 생

활에 대한 꿈은 고대부터 동서양의 수많은 시인들이 노래해왔고, 어찌나 많은지 아예 '전원시'라는 장르가 생겨났을 정도다. 하지만 이는 도시인들의 환상일 뿐, 실제의 시골 생활은 많이 다르다(고 한다). 무엇보다 앞서 이야기한 사례들에는 벌레가 안 나온다. 여름마다 모기 알레르기로 고생하는 나에게 이것은 상당히 중요한 문제다.

여하튼 그 친구의 꿈을 먼저 이룬 이들이 있으니 바로 19세기 프랑스의 소설가 귀스타브 플로베르Gustave Flaubert의 유작《부바르와 페퀴셰Bouvard et Pécuchet》(1881)의 두 주인공이다. 도시의 소시민 독신 중년 남자들이 '로망'을 이루어나가는 과정은 생각만큼 쉽지 않고, 읽다 보면 '이 사람들 어디까지 가나 보자' 하는 마음이 되어버린다.

소설은 부바르와 페퀴셰가 만나는 장면으로 시작한다. 여름날 일요일 오후, 각자 파리 시내를 산책하던 이 둘은 길거리 벤치에 우연히 합석한다. 가벼운 대화를 나누다 보니 공통점이 많다. 모자 안쪽에 이름을 적어두는 습관도, 47세라는 나이도, 독신이라는 점도, 필경사라는 직업도 같다. 19세기 소설이니만큼 노골적인 퀴어 코드는 없지만 첫눈에 반한 이 두 사람의 마음은 세상 어떤 연인들보다도 절절하다. 첫날부터 이 둘은 거의 매일 저녁 식사를 함께 하고, 수많은 이야기를 나누고, 여기저기를 함께 다니며 호기심을 채운다. 남의 글을 옮겨 적는 필경사 생활에 만족했지만, 아는 게 많아질수록 더욱더 많은 지식을 갈망하게 된다.

이들은 앎에 대한 욕망뿐 아니라 시골 생활에 대한 욕구도 공유한다. 피곤한 도시도, 소란한 선술집 때문에 견디기 힘든 교외도 아닌, 평화로운 시골 말이다. 페퀴셰가 부바르에게 건넨 첫말도 "시골에 살면 얼마나 좋을까!"였으니 정말 천생연분이다. 이들은 시골을 동경하여 일요일이면 교외로 산책을 간다. 포도밭을 산책하고 풀밭 위에서 낮잠을 잔다. 우유는 신선하고 밭이랑에 난 개양귀비 꽃도 어여쁘다. 이런 산책을 다녀온 뒤에는 도시 생활이 더욱 견디기 힘들다.

그런데 아침 드라마 같은 일이 일어난다. 부바르가 삼촌이라고 알던 분이 사실은 친부였고, 그에게 상당한 유산을 남겼다. 유산을 상속받은 후 부바르가 페퀴셰에게 건넨 첫마디는 "우리 시골로 은퇴하기로 하자!"였다. 이후 이 둘은 정착할 '진정한 시골'을 찾고, 시골 생활에 필요할 것 같은 물건을 잔뜩 구입한다. 이들의 상상을 잠깐 엿보자.

그들은 이미 웃옷을 벗은 셔츠 바람으로 화단 가장자리에서 장미나무를 가지 치고, 삽으로 파고, 땅을 고르고, 흙을 이기고, 튤립을 화분에서 옮겨 심는 모습을 상상하고 있었다. 그들은 종달새의 노랫소리에 깨어나 쟁기질을 할 것이고, 바구니를 들고 사과를 따러 갈 것이고, 사람들이 버터를 만들고 곡식을 탈곡하고 양털을 깎고 벌통을 돌보는 모습을 지켜볼 것이고, 소가 우는 소리와 베어낸 목초에서 나는 향기를 만끽할 것이다. 이제 글씨를 쓰지 않아도 된다! 이제 직장 상사도 없다! 심지어 기한 내에 내야 할 집세도 없다! 우리 집이 있을 테니 말이다! 우리 닭장에서 키운 닭과 우리 정원에서 기른 채소를 먹으리라. 그리고 나막신을 신은 채 저녁 식사를 하리라!

여행은 계획할 때가 제일 좋듯, 귀농 생활도 상상할 때가 가장 감미롭다. 참고로 국제노동기구ILO는 농업을 광업, 건설업과 함께 3대 위험 사업으로 분류하고 있다.

이 둘은 지인이 소개한 샤비뇰Chavignole이라는 고장에 있는 성 모양의 집과 정원이 딸린, 소출도 좋은 농장을 가 보지도 않고 덥석 구입한다. 고생스레 이사를 한 첫날 밤 이들은 행복에 겨워 어쩔 줄 모르고 자정이 넘은 시간에도 촛불을 들고 정원을 둘러보며 즐거워한다. 다음 날 아침에 일어나서는 지금이 삶에서 최상의 순간이라고 고백하는데, 이게 정말이었다. 시골로 이주해 사는 소설가 마루야마 겐지丸山健二도 말하지 않았는가, "시골은 그런 것이 아니다"라고. 만사 순탄하게 흘러가면 좋으련만 이후는 좌충우돌 내리막길이다. 소작인은 불평을 일삼고, 경작지는 엉망이고, 수리할 것투성이다. 그래도 밭을 경작해보고 싶었고, 상식도 있고 공부도 했으니 틀림없이 해낼 수 있으리라고 자신한다. 인근의 훌륭한 경작지에 매료된 이들은 농업과 관련된 책과 잡지를 잔뜩 구해 보고, 직접 농사를 짓기로 한다. 첫해 농사는 비료가 없어서 실패했고, 이듬해에는 심한 비바람에 이삭이 다 쓰러졌다. 그다음 해는 꽤 괜찮았는데 수확해둔 밀단에 불이 나 몽땅 타버렸다. 책을 보고 사육한 가축도 (동물 학대나 다름없었으니 당연히) 죽어나간다.

이 와중에 꿈꿔오던 정원도 가꾸어야 한다. 안목도 취향도 없지만 하고 싶은 것은 많던 이들은 온갖 것을 다 심고 가꾼다. 말똥을 주워 퇴비를 만들고, 책에 나온 온갖 형태의 꺾꽂이와 휘묻이, 접목을 시도했지만 벌레만 꼬인다. 채소밭도 과수원도 망쳤다. 화훼로 관심을 돌렸는데, 이 또한 식물의 생육에 맞지 않게 제멋대로 재배하여 잘못되었다. 그다음에는 돈이 된다는 수목 재배를 시작했는데, 처음 심은 것은 다 죽어버렸고 다시 심은 것은 폭우에 휩쓸려 남은 게 없다. 손실은 불어나고 그 와중에 책과 장비는 자꾸 쌓여만 간다.

재배는 포기하고 이제 예술적인 정원으로 관심을 돌린다. 일단 책을 꺼내본다. 그런데 책에 나온 우울하고 낭만적인 정원, 무시무시한 분위기의 정원, 근엄한 분위기의 정원, 이국적인 정원, 장중한 정원, 신비스러운 정원, 명상적인 정원, 환상적인 정원을 작은 공간에 다 담으려다 보니 이도 저도 아닌 조잡한 정원이 만들어진다. 동네 사람들은 이를 이해 못 하고 비웃기까지 하지만, 당사자는 그저 행복하다. 가지치기를 너무 해서 나무가 생선가시 같은 몰골이 되면 어떠랴. 아, 가끔은 책의 속표지에 그려진 정원사처럼 삽을 옆에 놓고 서서 책을 읽는 멋도 부려야 한다. 정말 SNS에 최적화된 듀오인데 시대를 잘못 타고났다.

소설 대부분은 이들의 어처구니없는 실패담이다. 그것도 플로베르답게 상세하고 사실적인 묘사로 이루어진 실패다. 본인들은 상당히 진지하고 지적 호기심은 끝이 없지만, 그들이 무언가를 새로 배우고 시도하려 하고 이를 위해 또 책과 장비를 사들일 때마다 '아이고' 하는 침음이 절로 나온다. 남의 일 같지 않아 더 마음이 동하는지도 모르겠다. 지식의 탐구와 실천 자체는 무해하지만, 방향성을 잃은 탐색은 이렇게 위험하다. 여기에는 정원 일도 포함되는데, 어디 허리라도 다치기 전에 끝난 게 다행이라면 다행이려나. 모든 것에 실패하고 인생에 대해 아무런 흥미를 느끼지 않게 된 이들이 다시 필경을 시작하는 것으로 소설은 끝난다. 하지만 장담컨대 이들은 머지않아 또 정원 일을 시작할 것이다. 정원은 그런 것이다.

에곤 실레 Egon Schiele, 〈네 그루 나무 Four Trees〉(1917)

사생활인데
무슨 상관입니까?

찰스 디킨스, 《위대한 유산》

정원은 자아의 확장이요, 내면의 반영이라는 말을 흔히 한다. 대개 이럴 때 (버넷의 《비밀의 정원》에서처럼) 정원은 가꾸고 돌보면서 상처를 치유하고, 성장해나간다는 긍정적인 가치와 연결된다. 반대로 잘 가꾸어지지 않은 정원은 불안정한 내면을 상징하기도 하는데, 영국의 소설가 찰스 디킨스Charles Dickens의 《위대한 유산Great Expectations》(1861)에 등장하는 미스 해비셤의 새티스 하우스의 정원이 대표적이다. 그녀의 삶은 신랑이 사라져버린 결혼식 당일에 멈추었다. 그날 이래 해비셤은 수십 년 동안 같은 웨딩드레스를 입고 있고, 저택의 모든 것은 퇴색되고, 연회장 식탁 위 썩은 웨딩 케이크처럼 천천히 부식되어간다.

정원도 마찬가지다. 비둘기가 한 마리도 없는 비둘기장, 말이 한 마리도 없는 마구간, 돼지가 한 마리도 없는 돼지우리, 남은 맥아가 하나도 없는 창고와 냄새가 조금도 안 나는 양조장의 뒤편 끝으로 가면 낡은 담장이 딸린 잡초 무성한 정원이 나온다. 가지치기한 지 오래된 회양목은 꼴사납게 자랐고, 멜론이나 오이를 키우던 곳에서는 "낡아빠진 중절모나 반장화처럼 생긴 열매들"이 잡초처럼 절로 자란다. 온실에도 쓰러진 포도 덩굴과 빈 병 몇 개밖에 없다.

가꾸지 않은 정원은 금세 황폐해지기 마련이다. 소설 마지막 부분에서는 화재와 해비셤의 사망 이후 허물어진 저택 집터 한 귀퉁이 폐허 위로 담쟁이덩굴이 새로 뿌리를 내리고 자라는 모습을 묘사하여 새로운 희망을 암시하지만, 그것은 모든 사건이 끝난 뒤의 일이다. 이 새티스 하우스의 정원을 떠올리며 책을 펼쳤지만, 20여 년 만에 다시 읽다 보니 영문학 수업 시간에는 그리 눈에 띄지 않던 인물인 웨믹 씨와 그의 정원이 더 흥미롭다.

웨믹은 주인공 핍이 익명의 후원자의 도움으로 런던에서 신사가 되는 교육을 받게 되었을 때, 이와 관련된 일을 대행하는 재거스 변호사의 사무실 직원이다. 웨믹은 핍을 여러모로 돕고 나중에는 자신의 결혼식에 초대할 정도로 가까워지지만, 주요 인물은 아니다. 그런데 이제 와 다시 보니 이 뒤틀린 인물들로 가득한 소설 속에서 어린 시절 핍을 여러모로 돌봐준 비디 다음으로 멀쩡하지 않은가. 디킨스 연구자들은 《위대한 유산》에서 웨믹을 가장 근대적인 인물로 평한다고 하는데, 근대를 넘어 오늘날 현대 대도시의 직장인도 그를 부러워할 것 같다. 판사조차도 덜덜 떨게 만드는 잘나가는 변호사 밑에서 일하니 직장은 안정적이다. 런던 시내에 위치한 사무실은 집에서 걸어 다닐 만한 거리에 있고, 야근도 물론 없고, 정시 퇴근 후에는 '저녁이 있는 삶'을 누린다. 차근차근 조금씩 땅을 사 모아 자기만의 성채를 짓고 정원을 가꾼다. 웨믹은 이곳에서 아버지를 돌보고, 친구를 환대하고, 연인과 시간을 보낸다. 퇴근 후에도 집에서 홀로 일하는 재거스와 달리 웨믹은 훌륭한 '워라밸'을 유지한다.

비결은 무엇일까. 우선 웨믹은 일과 사생활의 영역을 분리하는 균형 감각이 탁월하다. 그는 멀티 페르소나, 이른바 '부캐'가 있는 인물이다. 재거스 사무실의 차갑고 단호한 웨믹 씨와 월워스의 집에서의 다정다감한 존 웨믹은 "겉모습만 닮은 또 다른 쌍둥이"처럼 다르다. 핍이 처음 런던에 도착해 재거스 변호사의 사무실에서 웨믹을 보았을 때 그는 무표정하고 우체통 구멍을 떠올리게 하는 입을 꾹 다물고 있었다. 재거스를 찾아온 이들을 대하는 태도는 차갑고 단호하며, 기회가 있을 때마다 사형수들에게서 선물을 얻어낸다.

업무상 찾는 뉴게이트 감옥에서 수감자들 사이를 걸어다니는 그의 모습을 보며 핍은 자신이 돌보는 화초 사이를 거니는 온실 속 정원사를 떠올린다. 웨믹은 정원사가 밤새 돋아난 새싹에게 하듯 새로 온 수감자들에게 말을 걸고, 다른 죄수들이 그사이에 잘 자라났는지, 이제 재판을 받을 정도로 활짝 피어올랐는지에 주목하고, 어떤 화분이 가장 잘 어울릴지를 곰곰이 생각하는 듯하다. 그런 다음 직장인 웨믹은 '들고 다닐 수 있는 휴대용 동산', 가령 유품 반지나 브로치, 도장과 같은 결실을 사형수들로 가득한 이 악의 정원에서 수확한다.

하지만 퇴근 후 월워스의 자택에서의 웨믹은 전혀 다른 모습이다. 그는 고딕풍의 작은 성을 직접 지었고, 그곳에다 일요일마다 깃발을 올리는 깃대와 해자, 정원과 텃밭, 정자, 못과 분수, 그리도 요새 위 대포를 갖추어놓았다. 묘사를 보면 소설의 시대적 배경인 19세기 초까지 영국에서 유행한 고딕 리바이벌Gothic Revival이 떠오른다. 기이한 고딕풍 창문과 문 중 상당수는 가짜이고, 사실 성이라기엔 크기가 많이 작다. 나무로 고딕 양식의 외양만 흉내 낸 곳이라 실제로 보면 좀 조잡하고 우스울 것도 같다. 하지만 이곳은 웨믹에게는 소중한 요새이고, 그의 아버지가 보기에는 나중에 일반인들이 즐길 수 있도록 국가가 보존해야 하는 "멋진 유원지"다. '영국인의 집은 그의 성채다An Englishman's home is his castle'라는 속담을 문자 그대로 보여주는 곳이라고나 할까.

웨믹의 "성채"에 들어가려면 우선 깊이가 50센티미터쯤 되는 도랑을 가로지르는 폭이 1미터쯤 되는 널빤지 다리를 건너야 한다. 그다음 이를 들어 올려 고정하여 외부와 내부 공간을 분리한다. 이런 번거로워 보이는 일도 그에게는 나만의 성채를 지키기 위한 중요한 의식이다. 구불구불한 정원 길을 지나 다다른 정자에는 손님을 위한 술잔이, 장식용 원형 연못에는 시원하고 맛 좋은 펀치가 준비되어 있다. 분수와 물레방아도 제법 잘 작동한다. 집 뒤편에서는 돼지와 닭, 토끼를 키우고, 온상을 만들어 오이(이 시대에는 꽤나 귀했다. 영국식 티푸드에 얇게 썬 오이를 넣은 샌드위치가 있는 이유다)와 다른 샐러드용 채소를 재배한다. 그리니치 표준시로 매일 밤 9시에는 대포를 발사해 귀가 거의 먼 늙은 아버지를 기쁘게 한다(다른 이웃들도 기뻐할지는 모르겠지만).

이 모든 것은 "나 자신의 기술자이자, 나 자신의 목수이자, 나 자신의 배관공이자, 나 자신의 정원사이자, 나 자신의 만물박사인" 웨믹이 몸소 만들었다. 그리고 이는 누가 시켜서 하는 게 아니라 마음속 "뉴게이트 감옥의 거미줄을 걷어내고" 또 모시고 사는 아버지를 기쁘게 하는 "유익한 일"이다. 아무리 일이라고 하지만 매일같이 죄수들을 만나고, 청원자를 쌀쌀맞게 대하며 수임료 문제를 처리하는 와중에 지저분한 사무실 책상에서 마르고 딱딱한 비스킷으로 대충 점심을 때우는 직장인으로서의 일상은 그리 즐겁지 못할 것이다. 퇴근 후 조금씩 정원을 가꾸고 마음을 담은 교류를 하며, 웨믹은 숨을 고르고 일상의 균형을 되찾는다.

웨믹의 상사인 재거스는 10여 년 동안이나 같이 일했지만 웨믹의 성채를 전혀 알지 못한다. 왜냐하면 웨믹에게 사무실 업무와 사생활은 완전히 별개의 일이라 사무실에 출근할 때는 성채를, 성채로 올 때는 사무실 일을 싹 잊기 때문이다. 심지어는 핍과의 대화 주제도 장소에 따라 다르다. A를 하며 B를 생각하다가 잊고 있던 C를 떠올리고, 그러다 어느새 D를 할 시간이 되어 이도 저도 제대로 마무리 못 짓고 낑낑대다 늦게 자는 악순환에서 벗어나지 못하는 나는 이렇게 장소에 따라 야무지게 인격을 전환하는 웨믹의 능력이 너무나 부럽다. 한편으로는 사람이 정말 그렇게 할 수 있을까 싶기도 한데, 웨믹은 그렇게 한다. 웨믹의 집에서 환대받고 하룻밤 신세까지 진 다음 날 아침 함께 런던 시내로 걸어가면서 핍은 웨믹이 서서히 냉담해지고 점점 더 딱딱하게 굳어가고, 환하게 웃던 다정한 입매도 다시 우체통 구멍으로 변해가는 것을 본다. 그리고 그는 처음에 보았던 웨믹 씨의 모습으로 출근한다.

 핍의 실언으로 재거스도 웨믹의 "즐거운 집"을 알게 된다. 감쪽같이 사생활을 숨긴 교활한 사기꾼이라고 힐난받아도 웨믹은 "그런 것들을 이곳에 가지고 오지만 않는다면 무슨 상관입니까?"라고 맞받아치니 재거스도 할 말이 없다. 웨믹은 소설의 주인공은 아니지만, 주인공보다 행복하다. 무엇보다도 강압적인 직장에서 적당히 위장하여 살아남고, 또 자신만의 시간을 확보해내는 그의 처세술에서는 배울 점이 많다. 웨믹은 위대한 유산 따위는 기대할 수 없는, 또 기대하지도 않는 소시민이지만, 소설에 나올 법한 파란만장한 고난을 겪을 일도 없다. 적당히 성실하게 일하고, 할 수 있는 만큼만, 하고 싶은 대로 자신의 성과 정원을 가꾸며 소소한 행복을 쌓아간다. 야망을 하얗게 불태우기보다는 은근한 온기로 자신을 지키는 게 미덕인 생활인에게는 이런 저속노화의 삶도 괜찮지 않을까.

구스타프 클림트 Gustav Klimt, 〈코티지 가든 Cottage Garden〉(1905~1907)

취약하고 즐겁게, 인간답게

조반니 보카치오, 《데카메론》

    2020년 초 일상이 멈추었다. 곧 코로나19라는 이름이 붙은 이 감염병은 원인도 치료법도 불확실했고, 언제 어떻게 옮을지 몰라 무서웠다. 감염에 특히 주의해야 하는 가족과 함께 살기에 내가 전파자가 되어 소중한 이들을 해칠 수도 있다는 게 무엇보다도 두려웠다. 모니터 속 매일 늘어나는 감염자 및 사망자 수치는 비현실적이지만, 시시때때로 울리는 긴급재난문자는 이게 현실임을 상기시켰다. "코로나 진정되면 만나요, 그때까지 건강해요. 안녕安寧"이라는 말로 비대면 온라인 미팅을 끝마치면 헛헛했다. 애정 어린 포옹과 쓰다듬기, 다정한 입맞춤은커녕 무심한 악수조차도 치명적일 수 있다는 건 얼마나 잔인한가. 불안을 잊기 위해 사람들은 과학이든 종교든 믿고 의지할 곳을 찾거나 비방을 일삼았고, 괴담에 휩쓸려 어리석은 짓을 하기도 했다.

한편에서는 전염병을 다룬 문학 작품에서 위로를 찾았다. 실제 사건에 바탕을 두고 있든, 허구의 사건이든 많은 작가들은 참담한 상황 속에서의 인간다움이란 무엇인가를 묻는다. "인간의 척도로 이해할 수 있는 것이 아닌" 재앙인 흑사병이 창궐한 도시를 배경으로 한 카뮈의 《페스트 La Peste》를 떠올릴 수도 있지만, 194×년 알제리의 오랑에 앞서 이를 겪은 1348년 이탈리아의 피렌체를 보자.

《데카메론 Decameron》은 이탈리아의 작가 조반니 보카치오 Giovanni Boccaccio가 1348년에서 1353년 사이에 집필했다고 알려진 책으로, 몇 년 전의 재난을 회고하는 형식이다. 이탈리아에서 가장 빼어나고 고귀한 도시인 피렌체에 흑사병이 돌았다. 인간의 지혜나 대책, 신앙심, 심지어는 돈도 소용없고 일단 감염이 되면 속수무책이다. 성경에 등장하는 대홍수 이래 전 지구적으로 인류 전체를 위협하는 재난이 이전에 또 있었을까.

페스트에 감염되면 겨드랑이나 사타구니에 생긴 멍울이 온몸에 퍼지고, 팔다리에 검은 반점이 생긴다. 마른 장작에 불이 옮겨붙듯 전파되고 작은 접촉으로도 감염되며 심지어는 환자의 옷이나 물건으로도 병이 옮겨 간다. 인수공통이라 길거리에 굴러다니던 감염자가 입던 누더기를 헤집은 멧돼지가 경련을 일으키더니 곧 죽었다. 이런 상황에서 누가 평정심을 유지할 수 있을까. 계절은 봄이라지만 그해 누구에게도 봄날은 없었다. 운 좋게 살아남은 이들의 삶도 피폐해지니 두려움에 떨고, 망상에 시달리고, 자기 목숨을 부지하려고 남에게 잔인해진다. 그러다가도 병에 걸리면 버림받아 홀로 죽음을 맞으니, 추모도 눈물도 촛불도 예배도 없는 장례는 매장이라고 부르는 편이 나을 것이다.

이 각자도생의 시대에 성당에서 우연히 만난 일곱 명의 여자와 세 명의 남자가 함께 도시를 떠난다. 이들은 도시 외곽의 빌라(별장)에서 열흘간 격리 생활을 한다. 모두 두루 알고 지내는 좋은 가문 출신의 선남선녀이니 이렇게 함께 지내도 추문이 생길 일은 없었다. (열흘이라고 하지만 종교적 이유로 경건하게 지내는 금요일과 토요일에는 이야기를 하지 않으니, 실제로는 두 주에 걸친 시간이다.) 그동안 이들은 무엇을 했을까? 잘 지냈다. 아름다운 정원을 산책하고, 맛있는 음식을 먹고, 놀이를 하고, 춤추고 노래하고, 낮잠을 자고, 함께 이야기를 나눈다. 마음은 여전히 괴롭지만 이 계절이 허용하는 기쁨과 축제를 즐기는 게 현명하고, 또 해야 할 일이기 때문이다. 이들이 열흘 동안 지내면서 돌아가며 하는 100편의 이야기가 펼쳐진다. 여기에서 그리스어로 '10일 동안의 이야기'라는 뜻을 담은 제목이 유래한다.

각양각색의 인간 군상을 담은 100편의 이야기도 흥미로우나, 이들이 이야기를 나누는 장소인 정원을 눈여겨보자. 피렌체 근교 피에졸레Fiesole에 위치한 빌라는 이들의 절도 있는 일탈의 무대가 된다. 두 곳 중에서 첫 이틀을 보낸 "길에서 웬만큼 떨어져 있고, 푸르고 다양한 수풀과 나무로 에워싸여 보기에도 쾌적한" 언덕 위의 빌라도 훌륭하지만, 세 번째 날 이후를 보낸 정원은 이상적인 르네상스 정원의 원형이 된다. 이곳은 피에졸레에 있는 빌라 팔미에리Villa Palmieri를 모델로 했다고 하는데, 오늘날에는 소설에 묘사된 모습을 찾아보기 어렵다.

언덕 위에 위치한 이 빌라의 집에는 모든 것이 갖춰져 있고, 아래에는 드넓고 쾌적한 정원이 펼쳐져 있다. 사방이 담으로 둘러쳐진 정원의 가장자리와 가운데의 널찍한 길에 놓인 시렁에는 포도 꽃이, 길 양쪽으로는 희고 붉은 장미와 재스민이 만발하여 향기롭다. 초목은 일일이 설명하기도 힘들 정도로 다양하다. 정원 중앙에는 풀밭이 펼쳐져 있고, 그 가운데 있는 새하얀 대리석 분수에서는 물이 상쾌한 소리를 내며 떨어진다. 이 물은 작은 수로로 빠져나가 정원 곳곳을 적신다. 수천 가지의 꽃과 싱싱한 레몬과 오렌지 나무가 주위를 에워싼다. "지상에 천국을 만들 수 있다면 이 이상 어떤 형상이 될 수 있을까 싶을 정도로" 아름다운 정원에서 이들은 거닐고, 화환을 만들기도 하고, 새소리를 듣고, 정원 속의 귀엽고 해롭지 않은 동물들을 본다. 그러다 춤추고, 노래하고, 맛있는 것을 먹고, 이야기를 나누며 즐거운 시간을 보낸다.

이곳에서의 목표는 거창하지 않다. 그저 두고 온 현실을 잊고 최대한 즐겁게 지내면 된다. 하지만 자연에 질서를 부여하여 정원을 만들었듯 이들의 여흥에도 일정한 규율이 있다. 이들은 매일 돌아가며 왕 혹은 여왕을 맡아 그날의 이벤트를 정한다. 돌아가며 이야기를 나누는 시간도 정해져 있다. 질서가 무너진 도시에서의 삶과 대비되는, 분별 있는 일상을 유지하는 데에는 이만큼의 노력이 필요한 것이다.

이 글에서는 《데카메론》을 구성하는 100편의 이야기 내용을 일일이 말하지 않으려 한다. 사실 이 이야기들 중 피렌체의 현재와 관련된 것은 없었다. '지금 여기'를 잠시 벗어나되, 아주 먼 세상 이야기도 아니나 있음 직한, 하지만 별로 중요할 것 없는 실없는 이야기, 누군가와의 '그냥 수다'가 어떤 때는 더 도움이 되기 때문이다. 그런 이야기는 끊임없이 우리에게 말을 걸고, 어루만지고, 너만 힘들었던 것은 아니고 세상이 이렇게 끝나지는 않을 거라고, 어쨌든 살아 있으면 행복한 순간은 반드시 온다고 속삭여준다. 아니, 아무것도 하지 않고 그저 정원에 있는 것만으로도 출렁대던 마음은 잦아든다.

 네 번째 날에 이들은 정원에서 이야기를 나누다 눈물을 흘린다. 그간 이야기 속 인물들은 자주 눈물을 흘렸지만, 이들이 운 적은 없었다. 정원에서 시간을 보낸 뒤, 그리고 무엇보다도 다른 이들과 함께 지내며 서로에게 위로가 된 다음에야 그럴 수 있었다. 불행한 사랑으로 비극적 결말을 맞은 이야기 속 인물들 때문이라고 말하지만, 피렌체에서 겪은 울음 없는 수많은 죽음 앞에서 생존을 위해 말라붙었던 감정이 젖어들면서 비로소 울 수 있었을 것이다. 그런데 나는 마지막으로 언제 울었더라, 아니 언제 진심으로 웃었던가. 기억은 흐릿하고, 글을 쓰면서 이제야 깨닫는다. 보카치오는 지나간 일을 되돌아보며 말하지만 나는, 우리는 아직도 그 안에 있다. 그처럼 이 시기를 뒤돌아볼 때 나도

울 수 있을까.

　약속한 보름의 시간이 지나고 이들은 피렌체로 돌아온다. 이후 이들의 행적에 대해서는 이들이 처음 만났던 성당에서 헤어졌다는 것 말고는 알지 못한다. 하지만 비참한 상황에서도, 즐거움을 누리는 동안에도 분별과 존엄을 잃지 않던 이들이니만큼 적어도 이전보다 더 나은 사람이 되지 않았을까. 이들 또한 부디 안녕했기를.

　《데카메론》의 원서는 '인간답다Umana'라는 단어로 시작한다고 하는데,* 우연일 수도 있지만 의미심장하다. '인간답다' 함은 사람으로서 갖추어야 할 자질과 덕목을 지니고 있다는 말이지만, 신과 달리 재난과 운명에 취약하다는 말도 된다. 그리고 이런 불운은 서로에 대한 배려와 공감, 연민, 예의 바른 태도, 다정함, 그리고 무엇보다도 즐거움을 통해 위로받을 수 있다. 정원이 기적을 행하지는 못한다. 하지만 14세기 피렌체에 살았던 열 명의 남녀에게 그러했던 것처럼 잠시나마 함께 웃고 울며, 기쁨을 주고 위안을 주는 곳이 될 수는 있으리라. 그것으로 충분하다.

---

*　로버트 포그 해리슨 저, 조경진·황주영·김정은 공역,《정원을 말하다》, 나무도시, 2012.

센트럴파크를 만든 여행

프레더릭 로 옴스테드,
《미국 농부의 영국 도보여행과 이야기》

"헛걸음? 그런 건 없다오."

— 앙드레 브르통André Breton, 《나자Nadja》

코로나19 팬데믹이 시작되었을 때는 여행은커녕 외출도 삼가는 게 미덕인 기간이 그렇게까지 길어질 줄은 몰랐다. 대개 집에서 작업하던 사람인데도 안 나가는 게 아니라, 못 나간다고 생각하니 좀이 쑤셨다. 기회만 되면 세계 곳곳의 정원을 보러 다니는 복받은 일을 계속할 줄 알았는데, 키우는 화분만 애꿎게 늘렸다. 삶의 한 시기를 반짝반짝하게 기억하도록 압축하고 요약해서 편집해주는 여행이 없으니, 하루하루는 분주한데 돌아보면 기억나는 일이 없었다. 휩쓸려가는 것 같아 괜스레 초조했다. 무기력과 과로가 뒤죽박죽이 되고, 혼자 하는 일이 많으니 과부하가 걸리기 일쑤였다. 집에 있는데 집에 가고 싶어지니 일 하나를 마무리하면 무조건 컴퓨터를 끄고 몸을 움직였다. 날씨가 괜찮으면 마스크를 쓰고 사람들을 피해 근처 공원이나 한강을 걷거나 뛰고, 아니면 운동 앱을 켜고 5분짜리 스트레칭이라도 했다. 방탄소년단의 노래를 흥얼대며 내 방을 여행하다 지구 몇 바퀴는 돌았고, 있는지도 몰랐던 여행 기념품도 발견했다. 외장하드 정리를 핑계로 옛 여행 사진을 꺼내보고, 각자 재택근무에 들어간 식구들의 생활 소음을 피해 유튜브에서 찾은 외국 길거리의 소리를 담은 영상을 노이즈 캔슬링 이어폰으로 들으며 자기 최면을 걸었다. 마음을 달래려 남의 여행기를 뒤적이다가도 이왕이면 나중에 자료로 쓸 정원 답사기를 찾게 됐다.

조경의 역사와 연관 지어 볼 수 있는 여행기는 대개 르네상스 정원을 찾은 이들의 이야기다. 좀 더 현대의 기행문으로는 미국의 프레더릭 로 옴스테드 Frederick Law Olmsted (1822~1903)의 첫 영국 여행기가 있다. 조경이나 도시 분야와 무관한 독자들에게는 낯선 인물이겠지만, 그가 설계하고 조성한 뉴욕의 센트럴파크 Central Park는 들어봤을 것이다. 옴스테드는 현대 도시 공원의 시작과 떼려야 뗄 수 없는 인물로, 미국 도시 공원의 역사는 그와 함께 시작했고, 심지어는 조경landscape architecture이라는 용어 자체도 그와 관련된 사건에서 유래한다. 그렇지만 이는 그가 30대 중반일 때의 일이다. 그러면 그 전에 그는 무엇을 했을까?

옴스테드는 부유한 상인의 아들로 태어나 어린 시절 자연을 벗 삼아 자랐고, 18세기 영국의 픽처레스크 미학 작가들의 책을 섭렵했다. 20대 후반까지의 생애를 보면 가족들이 많이 걱정했을 것 같다. 건강 문제로 대학 진학을 포기했고, 토목공학을 배우긴 했지만 낚시나 사냥, 식물 수집에 더 열심이었다. 일관성 없이 여러 직업을 전전했으며(상인, 선원, 농부, 작가, 출판인, 행정가, 조경가), 그렇다고 연애를 제대로 한 것 같지도 않다(영국에 다녀온 뒤 약혼했으나 곧 파혼했다. 이복동생 존이 결핵으로 사망한 후 그의 아내와 결혼하여 가족을 돌보았다. 후계자 중 한 명은 조카이자 의붓아들이다). 충동적으로 선원이 되어 중국에 갔다가 갖은 고생을 했고, 돌아와서는 과학적으로 농사를 짓는 농부가 되기로 한다. 아버지가 농장도 두 번이나 마련해주었으니 좀 진득하게 하면 좋으련만, 공부하다 건강을 해친 동생이 정양하러 영국에 간다고 하니 자기도 가겠단다. 여기까지는 어느 집안에나 한

명쯤은 있을 법한, 혼자만 느긋한 이의 이야기다.

하지만 이 여행이 그의 인생, 미국 도시의 모습, 나아가 전 세계 도시와 공원의 역사를 바꾸어놓았다면 과장일까. 1850년 4월, 27세의 옴스테드와 동생 존, 동생의 친구 브레이스Charles Loring Brace는 영국에 도착했다. 아픈 동생과 철없는 동생 친구를 돌본다고 했지만, 사실은 영국의 선진 영농 기술을 보고 배워 농장을 개선하고, 나아가 자기 같은 미국의 이른바 젠틀맨 파머들gentleman farmers을 계몽한다는 나름의 야심 찬 포부가 있었다. 영국에서 독립했지만, 미국 동부 사람들은 여전히 영국 문화의 영향을 벗어나지 못한 때였다. 그의 여행 기록 중 많은 부분이 영국의 아름다운 경관과 시골 풍경, 관리와 위생 상황, 사회문제 등을 다루고 있으니 그의 포부가 허풍은 아닌 듯하다. 옴스테드는 미국에 돌아온 후 이를 정리해 《미국 농부의 영국 도보여행과 이야기 Walks and Talks of an American Farmer in England》(1852)로 출판했다.

여정은 배를 타고 도착한 리버풀에서 시작한다. 시내를 관광한 뒤, 리버풀 교외의 이제 막 성장하기 시작한 도시인 버컨헤드Birkenhead를 방문한다. 배에서 만난 현지인의 조언에 따라 부두 근처에 있는 광장을 보고, 그다음에는 폐허가 된 수도원을 방문했다. 딱히 특별한 것은 없는 곳이지만, 별다른 유적이 없는 신생 국가에서 온 이에게는 건축물이 오래되었다는 것만으로도 인상적이다. 빵집에서는 프랑스와 영국, 미국의 밀가루에 대한 평을 듣고(미국산 밀가루가 제일 안 좋다), 또 빵집 주인의 안내로 주변의 몇 군데를 구경했다. 빵집 주인은 버컨헤드를 떠나기 전에 꼭 '우리의 새 공원'을 보라고 간청하고, 짐도 잠시 맡아주는 친절까지 베푼다(새 공원이라고 했는데, 찾아보니 이미 3년 전에 개장했다. 19세기에는 시간도 이만치 천천히 흘렀다). 이때까지 공원은 옴스테드에게 신도시 버컨헤드의 구경거리 중 하나에 불과했다.

하지만 공원 초입의 정원에서부터 그는 정신을 못 차린다. 5분여 동안 감탄한 뒤, 어떻게 하면 예술이 자연을 이렇게 아름답게 만들 수 있을지를 한참 연구한다. 디자인도 매력적이지만 무엇보다도 민주주의 국가인 미국에도 없는, 누구나 자유롭게 누릴 수 있는 '민중의 정원 People's Garden'이라는 콘셉트가 그를 사로잡았다. 오늘날 우리에게 공원은 당연히 누구나 자유롭게, 그리고 공짜로 이용하는 도시 공공 공간이니 이해가 잘 안되겠지만, 도시의 역사에서 공공 공원은 비교적 최근에, 옴스테드가 영국을 여행하던 19세기 후반에 나타난 '발명품'이다. 오랫동안 정원이나 공원 같은 녹지는 소수의 혜택받은 사람들만 누릴 수 있는 일종의 사치였고, 그 자체가 권력을 상징했다. 누구나 입장료나 드레스코드 같은 데에 구애받지 않고 원할 때 언제라도 잠깐 들러 쉴 수 있는 공공 공간이 만들어지고 유지되는 일에는 보기보다 많은 이야기와 힘겨루기가 숨어 있다. 좋은 공공 공간의 조성과 공적 비용에 대한 이야기는 여기서 하지 않겠다. 그래도 예를 들자면, 공공 공원이 없다면 카페에 가야만 사람을 만날 수 있고, 피트니스 센터에 가야만 운동을 할 수 있고, 유료 정원에 가야만 산책을 하고 식물을 볼 수 있을 것이다. 집 밖으로 나가는 순간부터 그저 어떤 곳에 있기 위해 쉴 새 없이 돈을 써야 하는 세상은 상상만 해도 끔찍하다.

산업혁명으로 도시가 급속하게 발달하고 여러 사회문제가, 특히 공중보건과 관련된 문제가 생겨났다. 이 같은 도시의 해악을 치유하기 위한 방책 중 하나로 도시 안의 시골, 아니면 자연 같은 공간이 제시되었고 그 과정에서 공원이 생겨났다. 런던 같은 유서 깊은 도시에서는 왕실이 보유한 파크(예전에는 사냥터, 숲이었다. '공원'에서 공의 한자가 公이라는 점을 떠올려보자)를 대중에게 개방하여 급한 불을 껐다.

오늘날 런던의 대표적인 공원인 하이드 파크나 켄징턴 가든, 리젠츠 파크 등이 여기에 해당한다. 하지만 리버풀처럼 새로 생겨난 공업 도시에는 이런 공간이 없었고, 새로 공원을 조성해야 했다. 그 과정에서 버컨헤드 공원이 생겨났다. 이곳은 세계 최초로 시민들의 힘(돈)을 모아 조성한 공원이다.

돈을 모아 땅을 마련하고, 공원 주변의 부지를 매매나 임대하여 인건비를 마련했다. 여기에는 집에서 공원을 내려다볼 수 있는 고급 주택이 들어섰으니, 요즘 말하는 '공세권'의 시작이다. 편평하고, 메마르고, 진흙투성이 농장이 있던 곳에 넓은 길이 닦이고, 마찻길 양쪽으로는 보행자들이 지나갈 수 있는 길을 만들었다. 인도와 차도가 분리된 길은 오늘날에는 상식이라 굳이 말할 필요도 없지만, 이 시기에는 사람들이 안심하고 산책을 할 수 있는 혁신적인 설계였다. 못을 파고 여기에서 나온 흙을 쌓아 만든 자연스러운 곡선의 언덕에는 시골의 숲 풍경을 떠올리게 하는 관목과 히스, 고사리를 심었고, 운동을 할 수 있는 풀밭과 화단도 만들었다. 지하 배수로를 통해 물을 모아 못과 호수를 채우고, 수생식물과 금붕어, 백조도 키웠다. 잠시 쉴 수 있는 벤치나 오두막, 사원, 파빌리온, 다리 등도 조성했다.

이 모든 멋진 유원지가 '전체가, 전적으로, 영원히' 모든 사람을 위한 것이었다는 점이 가장 중요하다. 태생적 계급과 경제적 지위로 사회적 신분이 정해지던 19세기 말의 영국 사회에 '가장 가난한 농부도 여왕처럼 이 모든 부분을 자유롭게 누릴 수 있는' 시민의 공간이 등장했다. 옴스테드 일행에게 공원을 소개한 빵집 주인도 '우리의'라고 말하며 자부심을 드러냈다는 점에 주목하자. 어쩌면 옴스테드가 마뜩잖아하던 개선문을 본뜬 거창한 공원의 정문에도 이런 의미가 있었겠다. 뉴욕 시민들이 교도소와 정신병원, 거리 청소 비용을 낼 때, 버컨헤드의 시민들은 모두의 공원을 만들어 누렸다.

센트럴파크의 조성과 관련된 어떤 글은 너무 거창해서 마치 옴스테드가 버컨헤드 공원에서 신탁이라도 받았나 싶은 생각이 든다. 하지만 삶은 그렇게 단순하게 흐르지 않고 그는 영웅도, 동화 속 주인공도 아니다. 영국과 프랑스, 독일 여행에서 돌아온 뒤 옴스테드는 다시 농장 일로 돌아갔고, 책을 썼다. 그러다 기자가 되어 미국 남부의 노예제도를 취재했고, 출판사의 동업자가 되었다. 하지만 잘 풀리지 않았고, 궁지에 몰렸을 때 뉴욕에 공원을 조성하려는 움직임에 동참하게 된다. 그리고 1858년 건축가 캘버트 복스

Calvert Vaux와 함께 센트럴파크 공모전에 출품한 것이 당선되면서, 역사에 근사하게 기록되는 일들이 이어진다.

이렇게 놓고 보면 변동 많은 삶이지만, 뒤돌아보니 옴스테드의 모든 경험, 가령 유년기의 자연 체험, 대학에 가는 대신 배운 토목 기술, 농업, 공공성에 대한 고민과 활동, 영국에서 본 공원과 개인 정원, 행정 업무, 그리고 글쓰기 중 그의 업적과 무관한 것이 없다. 한 사람이 쌓아온 것과 여행이 만든 약간의 경로 변경, 우연이 만났을 때 어떤 일이 일어날지는 아무도 모른다. 가던 길은 여러 갈래였지만, 그가 바라오던 큰 방향을 유지하며 성숙해갔기에 기회를 잡을 수 있었는지도 모르겠다. 과거의 일을 두고 '만약'을 가정하는 일은 어리석지만, 옴스테드의 이 여행에 대해서는 유독 여러 가지 상상을 하게 된다. 그리고 누군가의 꿈을 위해서라도 우리에게는 더 많은, 더 근사한 공원이 필요하다.

추신.
학위 논문 자료 수집을 위해 답사를 갔을 때, 옴스테드처럼 버컨헤드 공원 근처 빵집에서 빵을 샀는데 정말 맛없었다. 그러고 보니 그의 기록에는 빵 맛에 대한 언급은 없었다.

2. 사랑의 정원

C. D. 프리드리히 Caspar David Friedrich, 〈가든 테라스 The Garden Terrace〉(1811)

언젠가 본 적 있는 정원

조르조 바사니, 《핀치콘티니가의 정원》

정원이나 공원을 조성하여 인물이나 사건을 기리는 때가 있다. 기념공원, 추모공원처럼 실제로 장소를 만들 때가 많지만, 은유나 상징만으로도 할 수 있다. 또 정원은 행복하고 즐거운 장소일 때가 많으나, 반대로 세상이 혼란할 때나 "마음이 소금밭"*일 때 숨어들어 현실을 잠시 잊는 곳이 되기도 한다. 정원에서 아름다운 추억을 만들기도 하지만, 반대로 정원을 통해 잊고 있던 기억이 떠오르기도 한다. 정원이 지닌 이 수많은 결을 모두 담을 수 있을까 싶은데, 이탈리아의 소설가 조르조 바사니 Giorgio Bassani의 자

---

* 문학평론가 이명원의 표현이다.《마음이 소금밭인데 오랜만에 도서관에 갔다》, 새움, 2004)

전적 소설 《핀치콘티니가의 정원Il giardino dei Finzi-Contini》 (1962)이 바로 그러하다.

작가가 직접 경험한 시절에 대한 이야기라는 사전 지식의 영향인지, 프롤로그의 로마 근교 에트루리아 묘지에 대한 생생한 묘사에 이끌려서인지, 소설이라는 것을 알면서도 핀치콘티니 가문의 이야기가 실화라고 착각하게 된다. 소설을 읽다 말고 구글 지도를 열고, 언젠가의 여행을 위해 거리 이름을 입력하며 대략적인 저택의 위치를 찾아보려 했으나 그런 곳은 없었다. 소설에 묘사된 핀치콘티니의 정원도 바사니가 로마 식물원과 로마 근교의 닌파 정원 Garden of Ninfa에서 영감을 받아 상상해낸 곳이라고 한다. 실제의 지명과 허구의 장소가 섞여 작가만의 페라라가 만들어졌다.

소설은 반유대주의 인종법이 통과되고 파시즘의 광풍이 몰아치기 시작한 1938년의 이탈리아 페라라를 배경으로 한다. 유대인에 대한 차별이 점차 강도를 높여가던 때, 페라라의 부유한 유대인인 핀치콘티니 가문의 몰락과 이에 대한 회상이 소설의 주요 내용을 이룬다. 소설의 화자 조르조(작가와 이름이 같다)는 섬세한 감성을 지닌 유대인 문학도로, 한나 아렌트가 '어두운 시대'라고 표현한 이 시기 집단주의의 광기 속에서 상처받고 모욕받는다.

　유대인들이 사회에서 배제되는 시기에도 핀치콘티니 가문의 정원은 낙원과 같다. 파시즘이 득세한 세상은 유대인들에게 문을 닫는데, 오랫동안 닫혀 있던 핀치콘티니가의 정원은 그들을 맞아들이기 위해 열린다. 테니스 클럽 입장이 금지되면 친구들을 정원으로 초대해 테니스를 치고, 집사가 준비한 피크닉을 즐긴다. 오후의 산책도 너른 정원에서 하면 그만이다. 공공 도서관에서 유대인이라는 이유로 쫓겨난 조르조는 그보다 더 훌륭한 핀치콘티니 저택의 도서관에서 대학 졸업 논문을 마저 쓴다. 핀치콘티니가의 정원은 외부의 상황에 크게 영향받지 않는 자족적인 세계다.

　조르조에게 이 핀치콘티니가의 정원은 완전하고 안온한 세계와 미콜 핀치콘티니라고 하는 다다를 수 없는 연인을 동시에 은유한다. 핀치콘티니 가문의 남매는 줄곧 담장 안에서 보호받으며 자랐다. 홈스쿨링을 하고, 진급 시험을 치르러 학교에 오거나 예배를 보러 시너고그(유대교 회당)에 갈 때만 다른 아이들을 만나는 미콜은 그 자체가 닫힌 정원이다. 10대 시절 미콜은 조르조에게 담장 안으로 들어오기를 권했으나 조르조는 갈 수 없었다. 그는 10여 년 후에야 핀치콘티니의 정원에 다른 이들과 함께 들어갈 수 있었고, 점차 핀치콘티니 가문의 사람들과 가까워지지만 그녀의 마음을 얻지는 못했다. 조르조에게 핀치콘티니가의 정원, 그리고 미콜이라는 정원은 끝끝내 다다르지 못한 이상향이다.

밖에서 보기에 핀치콘티니가의 정원은 공동체에서 동떨어진 단절되고 고립된 곳처럼 보이지만, 안에 있는 이들에게는 바깥세상이 굳이 필요하지 않을 만큼 그 자체로 족한 장소다. 그럼에도 미콜은 핀치콘티니가의 일원 중 유일하게 바깥 세계를 지향했지만 시대에 거부당했다. 그러자 그녀는 더 큰 세상인 자연을 자신에게 끌어들인다. 미콜은 너른 정원에 있는 갖가지 나무와 풀의 이름과 역사를 알고, 돌보며, 찬미한다. 정원에는 르네상스 시대의 인물인 루크레치아 보르자가 심었을지도 모른다는 거대한 플라타너스가 있는데, 인간에 비하면 나무는 영원을 사는 듯하다. 이 시간의 끝에는 언젠가 죽음이 있으나, 미콜은 이 숙명을 받아들이고 긍정한다. 하지만 "사물들도 죽어, 친구"라며 죽음의 필연성을 말하던 때 그녀는 자신의 운명을 상상도 못 했을 것이다. 바사니의 시 〈닌파 정원을 위하여 Per il parco di Ninfa〉를 보면 이때의 미콜이 떠오른다. 서툴게나마 우리말로 옮겨본다.

> 불확실한 미래 때문에
> 나의 삶은 여전히 웃게 될까? 오 머나먼
> 과거의 섬, 그곳, 그 부름이여, 초대하는가!
> 그 빛은 그대의 것이 아니니, 죽음이여, 흠뻑 젖어 떨고 있는.

몇 년 전 닌파 정원을 찾았을 때는 바사니와 이 정원의 관계를 미처 알지 못했고, 나중에 이를 알고는 작은 낭패감마저 들었다. 좀 더 열심히 볼걸. 바사니의 흔적을 찾아볼걸. 그래도 이 아름다운 정원을 떠올리며 핀치콘티니가의 정원을 상상하는 일은 어렵지 않았다. 그토록 사랑스럽고, 부드러우면서도 확고한 빛을 담고 있는 정원은 별로 없을 테니.

이 견고하고 완전한 낙원도 파시즘의 격랑을 막아내지는 못했다. 부르주아 계층인 조르조의 집은 유대인 박해에 민감하게 반응하고 대책을 모색하나, 핀치콘티니 가문은 크게 동요하지 않았다. 마음만 먹으면 보다 안전한 곳으로 온 가족이 이주할 수 있을 정도로 부유했음에도 말이다. 페라라 사교계는 물론 유대인 공동체와도 거리를 두고 사는 이들의 모습은 프롤로그에 등장한 에트루리아인들의 공동묘지, "방어되고 보호받고 특권을 부여받은 세상의 모퉁이"를 연상케 한다.

핀치콘티니가의 정원은 외부의 위협을 막아주는 마법의 장소 같았다. 하지만 현실과의 연결을 잃은 낙원은 언젠가 사라지고, 에덴동산을 떠나지 못한 아이들의 자기 유폐는 파국을 맞는다. 핀치콘티니가의 몰락은 계절의 변화를 통해서도 암시된다. 소년 시절 조르조가 정원의 담장 너머로 미콜을 처음 만난 때는 "철없는 사랑의 푸르른 낙원"이 펼쳐진 눈부신 여름이었다. 그리고 조르조와 다른 젊은이들이 핀치콘티니가의 정원에서 즐거운 때를 보내던 계절은 "유리같이 투명하고 눈부신 날씨가 마법에 걸린 듯 정지된" 가을이었다. 하지만 눈부신 가을은 지나가고 정원을 떠나 집단수용소로 끌려간 이들에게는 죽음의 겨울이 온다. 이들이 떠난 후 정원의 나무들도 전쟁 막바지에 베여 땔감으로 쓰이고, "그 자체로 희귀하고 예외적인 무언가를 드러내던" 정원은 생기 없는 빈터가 되었다. 오로지 조르조만이 과거의 영화를 기억하고 있을 뿐이다.

넓게 보면《핀치콘티니가의 정원》은 제2차 세계대전 이후 살아남은 이들이 기억을 되살려 쓴 홀로코스트 문학에 속한다. 대부분의 홀로코스트 문학은 나치의 잔악함을 고발하고, 비참한 수용소 생활과 죽음, 기적 같은 생존과 트라우마를 증언한다. 하지만《핀치콘티니가의 정원》은 조금 다르다. 소설은 낙원과 같던 핀치콘티니 가문의 세계가 인종법과 파시즘, 홀로코스트에 의해 어떻게 파괴되는지, 그 몰락 직전의 가장 빛나는 순간을 담담히 보여준다. "하루하루가 너무나 아름다웠고, 그와 동시에 금방 닥칠 겨울의 위협에 무방비로 노출"된 눈부신 가을은 그 이후의 역사를 알고 있는 독자들에게 더욱더 비극으로 다가온다.

조르조는 이 겨울을 견디고 살아남아 핀치콘티니가의 정원과 그곳에 있던 이들을 기억한다. 홀로코스트 생존자이기도 한 작가 엘리 위젤Elie Wiesel은 글쓰기란 "묻히지 못한 망자들을 기억하기 위해 세워진 보이지 않는 비석"이라고 했다. 하나의 단어가 한 사람의 얼굴, 하나의 기도가 되는 것이다.* 홀로코스트와 같은 수많은 죽음을 수긍하는 일은 이를 부인하는 것만큼이나 불가능하다. 하지만 기억하고 기록하면 이들은 그저 숫자로 추상화되는 익명의 망자로 지워지지 않고, 이름이 있는, "언젠가 산 적이 있는 사람들"이 된다. 이들의 눈부신 시절을 기억하고, 또 기록하여, 이를 다시 역사 속에 놓는 것은 살아남은 자의 임무다.

---

*   엘리 위젤,《우리 시대의 전설Legends of Our Time》, Knopf Doubleday Publishing Group, 2011.

폴 세잔 Paul Cézanne, 〈레 로브의 정원 The Garden at Les Lauves〉(1906)

인내와 시간이 만든 자연미

장 자크 루소, 《신엘로이즈》

문학을 배우던 학부 시절, 아무리 애써도 끝끝내 익히지 못했고, 또 좋아하지 못한 작가가 몇 있는데 그중 하나가 장 자크 루소Jean-Jacques Rousseau다. 사람을 위한 철학을 한다지만 그 드높은 이상을 막상 실천하는 모습은 보지 못했고(심지어 그는 세탁부 테레즈와의 사이에서 낳은 다섯 명이나 되는 아이들을 모두 고아원에 버렸다. 그러고는 아동의 개성과 경험을 강조하는《에밀Émile》을 출간했다), 갈등 상황이 오면 세상과 불화하던 그를 아껴주던 지인들을 저버리고 도피하며 일생을 살았다. 앎과 삶을 일치시키는 일이 얼마나 어려운지를 다시금 생각하게 되지만, 그렇다고 애써 그를 변명해주고 싶지는 않다. 논문 자료만 아니었다면 그의《신엘로이즈

Julie ou la nouvelle Héloïse》(1761)를 이제 와 다시 꾸역꾸역 읽는 일도 없었을 텐데.

사실《신엘로이즈》는 국민학교 시절 해적판인지도 모르고 본 이케다 리요코池田理代子의《베르사유의 장미ベルサイユのばら》에서 그 이름을 처음 접했다. 앙드레와 제로델의 대화에서 '누벨 엘로이즈'라는 이국적인 이름으로 언급되는데, 귀족의 딸과 평민 청년의 이루어질 수 없는 사랑 이야기는 귀족 제로델에게는 그저 "시시한 연애 소설"에 불과하다. 하지만 신분 때문에 오스칼에 대한 마음을 드러낼 수 없는 앙드레에게는 깊은 인상을 남긴다. 추행과 강간 미수도 모자라 동반자살(오스칼은 동의한 바 없으니 정확히는 살인과 동시에 자살) 미수를 저지를 정도로 "죽음으로써만 맺어질 수 있는 그런 사랑"에 미혹되었던 게 문제지. 그때도 딱 설명하지는 못하겠으나 어딘가 건강하지 못한 앙드레의 사랑이 불편했는데, 이제 와 다시 보니 전우애와 우정과 사랑을 구분 못 한 오스칼도 문제였네. 아, 그리고 대학생이 된 뒤 학교 도서관에서 찾아본 소설은 은근한 기대와 달리 치정극이 아니었다.

《신엘로이즈》의 주요 내용을 요약하면 다음과 같다. 배경은 18세기 스위스 레만호 주변의 도시 브베, 루소의 고향 지역이다. 신분은 낮으나 젊다 못해 어린 나이에도 학식이 풍부한 생 프뢰는 남작의 딸인 쥘리의 가정교사가 된다. 둘은 사랑에 빠지지만 신분을 중시하는 쥘리의 부모는 이들의 결합을 반대했고, 쥘리는 아버지의 친구인 볼마르와 결혼한다. 이들의 사랑은 중세 시대의 유명한 연인인 엘로이즈와 아벨라르에 빗대어지고, 여기에서 '신엘로이즈'라는 소설의 제목이 유래한다. 상심한 생 프뢰는 세계 일주를 떠나고, 6년 후 돌아온다. 그사이에 쥘리는 신뢰받는 아내이자 두 아이의 어머니, 모두에게 존경받는 안주인이 되었다. 볼마르는 이 둘의 과거를 알고 있음에도 모르는 척, 생 프뢰를 친구이자 아이들의 가정교사로 자기 집에 머물게 한다(아니 왜?). 여러 사건을 거친 뒤 이들의 마음은 보다 성숙한 단계로 고양되었으나, 쥘리는 물에 빠진 아이를 구하려다 얻은 병으로 세상을 떠난다. 줄거리는 간단하지만, 인물들이 주고받는 아주 긴 편지가 이어지고 여기에는 루소의 철학적인 주장, 특히 관능을 넘어 미덕으로 나아가는 이상적인 사랑에 대한 이야기가 담겨 있다.

 그리고 자연은 이러한 사랑의 전개에서 단순한 배경을 넘어 중요한 역할을 한다. 눈여겨볼 장소는 쥘리와 생 프뢰가 첫 키스를 나눈 집 근처의 작은 숲, 이후 생 프뢰가 머문

메예리, 그리고 쥘리가 볼마르와 가정을 꾸린 뒤 집 근처 과수원을 새로 정비해 만든 엘리제다. 첫 번째 장소인 작은 숲은 이 청춘 남녀의 달뜬 감정을 담아내는 곳이지만 그곳의 풍경은 소설 속에 거의 묘사되지 않는다. 《신엘로이즈》가 베스트셀러가 되면서 삽화가 수록된 책도 나왔는데, 이 순간을 담은 그림 〈사랑의 첫 키스〉를 통해 이곳의 모습을 짐작할 수 있다. 당시 사람들에게는 익숙했을 법한 아치형 트렐리스와 우거진 나무가 보이는 '사랑의 정원'은 연인들의 은밀한 만남의 장소로 손색이 없다.

두 번째 장소인, 쥘리의 명으로 집을 잠시 떠난 생 프뢰가 경험하는 알프스의 자연은 그의 감정과 조응한다. 처음에는 공기가, 이어서는 경치와 자연이 그의 정신과 감각을 고양한다. 몽상에 빠질 새가 없으리만치 다채로운 알프스의 풍경은 야생의 자연과 가꾸어진 자연이 놀랄 만큼 잘 배합되어 깊은 인상을 준다. 자연은 "같은 시간에 모든 계절을, 같은 장소에 모든 기후를, 같은 흙 위에 상이한 토질을" 모아놓고 그 대비를 스스로 즐기는 듯하다. 하지만 시간이 지나도 쥘리에게 연락이 오지 않자, 푸르름은 사라지고, 풀은 노랗게 시들고, 나무들은 잎이 지며, 차가운 바람으로 눈과 얼음이 쌓여, 마음속 깊은 곳의 희망이 그렇듯 자연

전체가 그의 눈앞에서 죽어간다. "사랑의 불길이 없다면 자연은 죽은 거나 마찬가지"인 것이다.

재회 후 생 프뢰는 거대하고 웅장한 세계로 둘러싸여, 아늑하고 전원적인 매력을 드러내 보이는 메예리로 쥘리를 데리고 간다. 몇 줄기 시냇물이 바위들 틈에서 솟아 나와 수정으로 만든 실처럼 푸른 풀 위를 흘러가고, 몇 그루의 야생 과일나무가 머리 위로 가지를 드리우고, 습기 차고 서늘한 땅이 풀과 꽃으로 뒤덮인 "감미로운 거주지"는 생 프뢰에게는 연인의 은거지다. 예전에 생 프뢰는 쥘리의 이니셜, 그리고 당시 그의 마음을 반영한 타소와 페트라르카의 시 구절을 곳곳에 새겨놓았다. 하지만 눈물까지 글썽거리며 감격에 젖은 생 프뢰와 달리 쥘리, 아니 볼마르 부인은 이 장소에서 별다른 인상을 받지 못한다.

쥘리는 인간의 손이 닿지 않은 자연, 가령 산의 정상이나 숲속, 외진 섬 같은 데에 이상적인 자연의 아름다움이 있다고 생각했다. 이를 찾아갈 수 없는 이는 부득이 자연을 억지로 자신들과 함께 살게 만들어야 한다. 그런 마음이 나타난 곳이 세 번째 장소인 클라랑에 있는 엘리제 정원인데, 분명 사람이 관여한 곳임에도 인위적인 기술의 흔적이 전혀 보이지 않는다. 집 근처이지만 오솔길과 우거진 나뭇잎으로 가려져 있고, 늘 자물쇠로 잠긴 곳이라 안을 들여다볼 수 없다. 들어가도 나무들로 입구가 곧바로 가려지고, "어두컴컴한 나무 그늘, 생기 있고 싱그러운 푸른 나뭇잎, 사방에 흩어진 꽃들, 졸졸거리며 흐르는 물소리, 수많은 새들의 노랫소리" 때문에 마치 "세계의 끝"에 온 것 같다.

과거에 볼품없는 과수원이던 곳을 이런 장소로 바꾸는 데는 큰돈이 들지 않았다. 다만 자연이 인간의 흔적을 서서히 지워나가도록 "인내와 시간"은 필요했다. 질서도 대칭도 없고, 지역의 토착 식물들이 조화를 이룬 정원은 얼핏 보면 자연이 알아서 모든 것을 한 것처럼 보이나, 사실 이 모든 것은 쥘리의 감독 아래 이루어졌다. 과일나무는 예전처럼 많은 열매를 맺지는 않으나, 이 "인조 황무지"를 거니는 이들을 상쾌하게 만든다. 새장이 있다고 하지만 새들을 가두는 것이 아니고, 작은 숲에 대대손손 머물도록 환경을 만들어놓고 이들을 방해하지 않기에 새들이 안심하고 살 수 있다. 자연은 무엇 하나라도 일직선으로 심지 않으니, 교묘하게 굴곡을 안배하여 실제보다 넓게 느껴지게 만들었다.

엘리제는 과시를 위한 인위적인 정원이나 기교가 드러나는 정원, 산책을 피곤하게 만드는 정원과 다르다. 또 생 프뢰가 중국에서 본 온갖 진귀한 것을 한데 모아놓은 정원과도 다르다. 흔한 풀과 관목, 꾸밈없고 막힘없이 흐르는 몇 가닥의 물줄기만으로도 엘리제는 충분히 아름답다. 분명 인공이지만 이를 감지할 수 없고, 수고보다는 세심한 주의가 필요하다. 이런 이상적인 자연미를 구현한 엘리제는 루소가 꿈꾸는 이상향이다.

기존 정원 양식으로는 설명할 수 없는 엘리제가 당대 지식인과 정원 애호가들에게 어떤 영향을 주었을까. 조경사 책에서는 두루뭉술하게 이야기되는 부분이지만, 루소가 말년을 보낸 파리 외곽의 에르므농빌Ermenonville을 떠올려본다. 건축가나 정원사가 아니라 화가와 시인이 정원을 만들어야 한다고 한 지라르댕 후작Marquis de Girardin은 루소를 흠모했고, 자신의 이상을 야생과 인공, 역사와 문학, 사상이 어우러진 에르므농빌 정원으로 표출했다. 정원 곳곳에는 무언가를 떠올리게 하는 장치가 있고, 심지어는 일부러 만든 황무지에도 굳이 거목을 쓰러뜨려놓았다. 이런 요소들은 형태가 명확한 바로크식 정원에 익숙했던 18세기 후반의 사람들에게는 쥘리의 엘리제처럼 매우 자연스럽게, 심지어는 야생적으로 보였을 것이다.

소설에서 생 프뢰는 집 근처에 이미 작은 숲이 있는데

굳이 새로 정원을 만들 필요가 있었는지 쥘리에게 묻는다. 그는 별생각 없이 던진 말이겠지만, 현숙한 부인이 된 쥘리에게 작은 숲은 '흑역사'로 남은 거북한 장소일 것이다. 쥘리는 결혼 후 그 숲에 발을 들여놓은 적이 없고, 새로운 삶을 위한 새로운 휴식 장소를 미덕의 손으로 만들었다. 쥘리가 자신의 정원에다 낙원을 상징하는 많고 많은 곳 중 굳이 그리스 신화에서 덕망 있는 이들이 죽은 뒤 가게 되는 장소를 뜻하는 '엘리시온'('엘리제'는 엘리시온의 프랑스어 표기다)이라는 이름을 붙인 것도 이런 이유일 것이다. '미덕virtue'이라는 말이 남성에게 쓰일 때는 정신적인 가치와 영웅적 행동을 가리키나, 여성에게 쓰일 때는 '성적인 순결과 정숙함'이라는 함의가 담겨 있던 시절이니 이는 더 분명해 보인다. 옛 쥘리의 모습만을 좇고, 심지어는 그때의 그녀를 영원히 잃어버렸다는 생각이 들자 지금의 쥘리와 같이 물에 빠져 죽어버릴까 하는 충동에 휩싸이는 생 프뢰만 이를 깨닫지 못했을 뿐. 그리고 앙드레는 그렇다 치고, 오스칼이라도 《신엘로이즈》를 좀 제대로 읽었다면 좋았으련만. 한때 오스칼의 팬이었고, 이제는 그녀보다 나이도 경험도 많은 입장에서 보니 그 선택은 정말 두고두고 안타깝다.

네 사람의 어긋난 케미스트리

요한 볼프강 폰 괴테, 《친화력》

　생각해보면 일상 대화의 어휘 중에 과학 기술 용어가 꽤 많다. '지속 가능한 개발'이니 '작동하는 경관'이니 '회복 탄력성'이니 하는 업무용 용어가 아니더라도, 당황하면 머릿속 '서버가 다운'되고, 팔다리도 '고장' 나서 제멋대로다. 저녁이면 스마트폰뿐 아니라 나도 '방전'된다. 학기 말이면 '엔트로피'가 증가하니 방이 더러운 것은 내 잘못이 아니다. 그리고 사람 간 성향이 잘 맞아 조화를 이루면 '케미(스트리)'가 좋다고 한다. 마지막 표현도 근래 생겨났다고 생각했는데, 놀랍게도 이미 19세기에, 그것도 대문호 요한 볼프강 폰 괴테 Johann Wolfgang von Goethe가 소설《친화력 Die Wahlverwandtschaften》(1807)에서 사용했다. 친화력 affinity, 혹은 선택적 친화력

elective affinity은 특정한 물질끼리 강하게 결합하려는 성질을 의미하는 화학 개념이다. 괴테는 사람, 특히 너와 내가 만나 우리가 되는 신비한 화학적 과정인 연인 관계에 이 개념을 도입하여 흥미로운 이야기를 만들어낸다. 그리고 이 관계의 변화에서 정원과 자연은 배경 이상의 역할을 한다.

괴테는 우리에게는 작가로 잘 알려졌으나 철학자이자 자연과학자였고, 또 바이마르 공국의 중책을 맡은 관료이기도 했다(그가 야반도주하듯 이탈리아 기행을 떠난 것도 궁정 생활에서 유래한 '육체적·도덕적 폐해', 요즘 말로 하면 번아웃을 치유하기 위함이었다). 여기에다 그는 굉장한 정원 애호가였다는 말을 덧붙여야겠다. 괴테는 식물에도 조예가 깊었고, 공무로 바빠 직접 가보지는 못했지만 유럽의 중요한 정원들을 다룬 책들을 섭렵했다. 그가 독일 최초의 풍경화식 정원이라고 알려진 데사우 뵐리츠 정원Dessau-Wörlitz Gartenreich을 방문하여 경탄해 마지않은 일은 유명한데, 괴테는 그저 정원을 감상하는 데에 그치지 않고 몸소 정원을 만들었다. 바이마르의 카를 아우구스트 대공이 그에게 하사한 일름 강변의 집이나 바이마르 시내의 집에다 정원을 몸소 만든 것은 물론이거니와, 일름 파크나 예나 대학의 식물원 조성에도 깊이 관여했으니 꽤나 진지했다. 이런 경험들이 소설 속 풍경과 정원의 재료가 되지 않았을까.

《친화력》의 중심인물로 등장하는 부유한 귀족 에두아르트와 샤로테는 재혼 부부다. 이들은 젊은 시절 서로에게 끌렸지만, 각자의 사정으로 다른 이와 결혼한다. 하지만 둘 다 배우자와 사별하고 우여곡절 끝에 재혼한다. 동화였다면 이들은 이후 에두아르트의 시골 장원에서 영원히 행복하게 살았겠지만, 애틋했던 사랑도 일상 속에서는 담백해지기 마련이다. 단조로운 시골 생활이 지루해진 에두아르트는 영지를 측량한다는 핑계를 만들어 어려움에 처한 친구인 대위를 집에 들일 생각을 한다. 샤로테는 처음에는 반대했지만, 곧 기숙학교에 있는 조카 오틸리에도 데리고 온다는 조건으로 동의한다. 하지만 막상 네 사람이 함께 있게 되자 상황은 미묘하게 바뀐다.

에두아르트와 샤로테는 대위와 오틸리에와 함께 지내면서 동성끼리 즐거운 시간을 보내고, 또 그러다 자연스럽게 대위와 오틸리에를 맺어줄 생각이었다. 그런데 에두아르트는 오틸리에에게, 그리고 샤로테는 대위에게 이끌린다. 마치 단단히 결속되어 있던 두 물질 사이에 어느 한쪽과 더 친화력이 강한 물질이 나타나면 기존의 결합이 해체되고 새로운 결합이 나타나듯이 말이다. 소설 속에서 에두아르트와 대위도 이 개념을 설명하고 있는데 서로 내적으로 결합된 AB와 CD가 접촉하면서 선택적 친화력에 의해 AD와 BC라고 하는 새로운 결합이 나타난다. 그러면서 화학의 세계에는 없는 인간적 문제, 즉 낭만적 사랑과 결혼의 신성함, 자유와 의무 사이의 갈등은 커져간다. 에두아르트와 샤로테의 낙원은 네 사람이 함께하는 동안 모습을 바꾸어나가고, 이는 이들 사이의 친화력에도 영향을 미친다. 서구 계몽주의에서 자연은 인간의 합리적 이성을 통해 극복해나가야 하는 대상이다. 하지만《친화력》에서는 이러한 합리주의가 아니라 자연이 다시금 인간사를 결정하고, 예고하며, 또 서로 얽혀 들어간다.

《친화력》에서 정원은 사랑의 화학 실험을 위한 무대이자 중요한 계기가 된다. 소설은 영지 내 수목원에서 접목을 마친 에두아르트가 집 근처 전망이 좋은 곳에 소박한 집을 짓는 샤로테를 찾아가는 것으로 시작한다. 마을과 교회, 성과 정원, 계곡과 무성한 나무숲 너머의 확 트인 전망까지 다 갖춘 이 초막에 앉으면 문과 창문을 통해 '그림 같은' 풍경이 펼쳐진다. 그 위로는 무성하게 수풀이 우거진 구릉, 가파른 바위와 넓게 펼쳐진 연못으로 흘러 들어가는 거센 시냇물과 물레방아가 있는 언덕이 있고, 한창 자라는 포플러와 플라타너스 나무들이 돋보인다. 괴테가 묘사한 에두아르트의 영지는 전형적이라 할 정도로 픽처레스크 picturesque(그림, 특히 풍경화의 한 장면 같다는 뜻으로 당시에 유행한 표현이다)하고, 또 자연스럽게 보이도록 정비되었다.

《친화력》에 앞서 괴테는《젊은 베르테르의 슬픔Die Leiden des jungen Werthers》(1774)에서 M 백작의 정원과 교외 지역의 낙원처럼 아름다운 자연을 묘사했다. 이때에도 자연은 단순한 배경이 아니고, 베르테르의 감정을 반영하는 장소다. 이러한 괴테의 자연에 대한 감각은 일생 동안 그의 작품을 관통하고, 말년의 작품인《친화력》에서 더욱 정교하게 나타난다. 그런데 30여 년의 간극을 둔 이 두 작품의 자연 묘사에는 흥미로운 비교점이 보인다. 작가도 젊고 주인공도 풋풋하던《젊은 베르테르의 슬픔》에서 베르테르의 표현을 보면 감정은 유난히 고양되어 있고, 풍경을 표현하는 문장에도 형용사가 많다. 작가도 원숙하고 주인공도 중년에 접어든《친화력》에서는 풍경이 상당히 객관적으로 기술되고, 또 형용사도 잘 쓰이지 않는다. 이제 감정은 주인공의 내면이 아니라 영지의 풍경을 만드는 명사와 동사를 읽는 독자의 마음에서 생겨난다.

《친화력》에서 정원의 목적은 자연을 통제하고 배치하

여, 보기 좋게 길들이는 것이다. 문제는 이들 중 전문가가 아무도 없었다는 점이다. 아버지 대부터 영지를 가꿔온 정원사가 있지만 새로 유행하는 정원에 대해서는 아무것도 모른다. 에두아르트와 샤로테는 열정만 가득하고, 대위는 취미는 있지만 측량밖에 못 하며, 오틸리에는 알고 보니 안목이 꽤 좋은데 소심하여 의견을 잘 내지 못한다. 그러다 보니 정원은 의도와는 달리 전체 공간이 조화를 이루지 못하고, 비용도 많이 들어 살림을 관리하는 샤로테를 괴롭힌다. 이런저런 문제도 생기는데, 가령 샤로테가 만든 묘지 정원을 보자. 그녀는 교구 교회 묘지의 비석을 나름의 방식으로 정리하고, 평탄한 길을 내고 꽃을 심어 아름다운 묘지 정원을 조성했다. 하지만 효과에 치중하다 보니 죽은 이들이 묻힌 장소를 알 수 없게 되었고, 여러 사람에게서 불평을 듣는다. 그래도 이 피해는 에두아르트가 오틸리에의 생일 축제를 위해 급히 진행한 호수 공사에 비하면 미미해 보인다. 세 개의 연못을 하나의 큰 호수로 만드는 일은 복잡한 토목공사라 차근차근 진행해야 하는데, 에두아르트에게는 사랑하는 오틸리에를 위한 이벤트 날짜에 맞추는 게 더 중요하다. 결국 불꽃놀이를 보러 몰려든 사람들 때문에 호수의 둑이 무너져 많은 사람이 물에 빠졌고 한 소년이 죽을 뻔했다. 정원의 역사를 보면 괴테를 포함하여 훌륭한 솜씨와 안목으로 자신의 풍경화식 정원을 몸소 조성한 인물들이 등장하지만, 유감스럽게도 에두아르트나 오틸리에는 아니었다.

기존의 결합은 해체되었지만 이 네 사람 사이의 선택적 친화력이 새로운 결합을 만들지는 못했다. 에두아르트와 샤로테 사이에서 태어났지만 묘하게도 그들이 각각 마음에 품었던 오틸리에와 대위를 닮은 아이는 새로 정비한 호수에서 익사하고, 아이를 잘 돌보지 못했다는 죄책감에 시달리며 여위어가던 오틸리에도 죽는다. 상심한 에두아르트도 갑작스레 숨을 거둔다. 괴테는 그 이후의 일을 쓰지 않았지만, 남은 두 사람을 생각해본다. 대위는 떠났을 테고, 샤로테가 모든 것을 짊어져야 했으리라. 그러면 정원은? 책임감 강한 샤로테가 이를 내버려두지는 않았을 것 같다. 당시의 정원 사조와 괴테의 취향을 고려해보면 아마 죽은 이들을 위한 기념물이 구불구불한 산책로 곳곳에 놓였을 테고, 목가적이던 정원에는 멜랑콜리한 분위기가 더해졌으리라. 에두아르트가 직접 심은 포플러 나무가 있는 호수 가운데 섬을 에르므농빌 정원에 있는 루소의 무덤처럼 정비했을 수도 있겠다. 이것도 당시 유행이었으니까. Et in Arcadia Ego(아르카디아에도 나[죽음]는 있었다), 이제 정원은 완성되었다.

안정애, 〈벚나무 연작 16-1〉(2024, 한태금사진관)

그 정원은
한낱 꿈이었지만

프란체스코 콜론나, 《힙네로토마키아 폴리필리》

    정원을 설명할 때마다 정원은 인류가 꿈꾸어온 이상향을 표현하는 곳이라는 말을 자주 한다. 이 이상향에는 공통점도 많지만 시기와 지역, 종교와 문화 등에 따라 세부 내용은 조금씩 다르기 마련이다. 지상 낙원 같은 르네상스 정원의 예를 들 때면 으레 《데카메론》이 나온다. 그런데 좀 깊이 있는 정원 이론서에는 《힙네로토마키아 폴리필리 Hypnerotomachia Poliphili》(1499)라고 하는 길고 복잡한 데다가, 그나저나 저게 어느 나라 말인가 싶은 제목의 책이 더 자주 언급된다. 제목과 한두 점의 삽화 정도는 꼭 나오는데, 상세하게 설명하지도 않으면서도 중요하다고 하니 대충 넘어가기도 찝찝하다. 검색해보면 아름다운 이미지가 많고 여러 예술가들이 이를 재해석하는 작업을 하고 있으나, 작품 자체에 대한 연구는 생각보다 많지 않다. 원전이 이탈리아 속어와 라틴어, 여러 고대 언어가 뒤죽박죽 섞인 이른바 '마카로니' 문학이라 해독이 어려운 탓일까, 출판된 지 500년이 지난 1999년에야 비로소 영어 완역본이 출간되었다. 고전이란 "누구나 읽었었었다면 하지만, 아무도 읽고 싶지 않은 것"이라는 마크 트웨인Mark Twain의 정의에 가장 부합하는 책이 아닐까 한다. 박사과정 중 순전히 호기심과 호기로 이 책을 학기 연구 과제로 택했다가 아무도 안 한 데는 다 이유가 있다는 교훈을 얻었다.

《힙네로토마키아 폴리필리》는 15세기 후반 이탈리아 베네치아에서 출판된 소설로, 당대에는 상당한 베스트셀러였다. 크게 2부로 구성되어 있는데, 주된 사건은 폴리필로가 화자로 등장하는 제1부에 언급되고, 이를 폴리아의 관점에서 말하는 제2부는 분량도 적고 정원과 관련된 부분이 별로 없다. 님프 폴리아를 연모하는 주인공 폴리필로는 이루어질 수 없는 사랑에 괴로워한다. 밤새 그녀를 생각하다 새벽녘에야 간신히 잠이 들었는데, 꿈속에서 여러 일을 겪는다. 이 꿈속에서 다시 잠이 들고, 꿈속의 꿈에서 우여곡절 끝에 다양한 경험을 한다. 그러다 폴리아와의 사랑이 이루어지는 듯하나, 둘이 입맞춤을 하는 순간 꿈에서 깨어 난다는 것이 소설의 골자다. 이 과정 중 묘사되는 '다양한 경험'이 정원을 공부하는 입장에서는 상당히 흥미롭다.

시작 부분의 꿈속에서 폴리필로는 "빛이 들어올 수 없을 정도로 잎이 빽빽하게 덮인 어두운 숲"에 있다. 근대 이전에 숲은 인간의 이성으로 통제할 수 없는 미지의 영역이었고, 공포를 자아내는 곳이었다. 혼란과 두려움을 은유하는 공간에서 이야기가 시작하는 점은 단테의 《신곡》과 비슷하다. 하지만 단테가 인생 여정의 한가운데에서 문득 "곧은 길이 사라져 어두운 숲속"을 헤매고 있음을 깨닫고 궁극적으로는 형이상적인 신의 은총을 추구할 때, 그보다 어린 폴리필로는 그런 통찰 없이 그저 연인을 찾고 있다는 점에서 지향점이 다르다. 한편 단테는 베르길리우스라는 인도자를 통해 길을 찾아나가지만, 폴리필로는 오롯이 혼자다. 공포에 질려 숲 여기저기를 헤매고, 비명을 지르고 울기도 하지만, 또 모든 것을 스스로 발견해나가고 선택한다는 점에서 보다 근대적인 인물이다.

한글 표기를 따라 읽기도 힘든 제목에서 '힙네로토마키아'는 '힙노스 hypnos (잠)', '에로스 eros (사랑)', '마케 mache (투쟁)'라는 세 개의 그리스어 단어가 합쳐진 말이고, 폴리필로라는 이름은 '폴리아를 사랑하는 이', 혹은 '많은 것을 사랑하는 이'라는 뜻이다. 복잡한 제목이지만, 풀어보면 '폴리필로가 꿈속에서 겪는 사랑의 고된 여정'이라는 뜻 정도 겠다. 그런데 줄거리는 간단한데 플롯은 엉성하고, 핍진성도 없으면서 내용은 난해하기 그지없는 연애 소설이 어떻게 르네상스 정원 발달에 지대한 영향을 미쳤을까?

주인공 폴리필로가 꿈속에서 겪는 다양한 장소에 그 답이 숨어 있다. 무섭거나 위험한 상황에서도, 신기한 장식이나 폐허가 된 유적을 구경할 때에도, 혹은 눈부시게 아름다운 여신을 알현했을 때에도, 님프들과 있을 때에도, 심지어는 연모하던 이를 예상치 못한 곳에서 만나 두근대는 순간에도 그의 입은 쉬지 않는다. 그러다 보니 꽤 두툼한 소설 본문의 4분의 3에 달하는 분량이 그가 이야기하는 건축과 정원 묘사에 할애되는데, 그 속에 담긴 고대 건축물과 당대의 동식물, 신화를 아우르는 백과사전적 내용이 당대의 엘리트층에게 큰 인기를 얻었다고 한다.

저자로 추정되는 프란체스코 콜론나Francesco Colonna는 도미니크회 소속의 수도사로 알려져 있다. 책의 각 장의 화려하게 장식된 첫 글자를 모으면 "프란체스코 콜론나 수도사는 폴리아를 열렬히 사랑했다POLIAM FRATER FRANCISCVS

COLVMNA PERAMAVIT"라는 문장이 된다며 이를 뒷받침하는 주장도 꽤 잘 알려져 있다. 하지만 일개 수도사가 이런 방대한 지식과 교양의 소유자이기는 어렵고, 부유한 귀족이 가명으로 출판했으리라는 설도 있다. 심지어는 소설 중 건축물의 비중이 높다는 점, 표현 방식이나 전문 용어, 그리고 무엇보다도 172점에 달하는 풍성한 도판으로 추정해보면, 르네상스를 대표하는 건축가인 알베르티Leon Battista Alberti가 사실 이 책을 썼을 거라고 주장하는 연구자도 있다.

저자가 누구이든 간에 아직 체계적인 정원 이론서가 없던 시기에 등장한《힙네로토마키아 폴리필리》의 내용과 풍부한 묘사, 삽화는 동시대 그리고 이후 정원 예술에 큰 영향을 미쳤다.《힙네로토마키아 폴리필리》에 최초로 등장하여 이후 서양 정원에 자리 잡은 정원 요소만 살펴보아도 따로 책 한 권을 쓸 수 있을 것 같다. 가령 상록수를 다듬어 입체적인 형태를 만든 토피어리나 자수화단, 매듭정원, 화려한 콜로네이드 장식, 사랑의 여신 비너스의 거처인 키테라 섬의 동심원 형태, 고대의 모티프, 혹은 고대를 떠올리게 하는 기상천외한 조각과 분수의 묘사와 이미지는 책에서든, 실제 정원에서든 이전에 본 적이 없는 것들이다.

《힙네로토마키아 폴리필리》가 르네상스 시기와 그 이

후의 정원에 미친 영향은 주로 이런 모티프에서 나타난다. 방대하고 신화적인 폴리필로의 여정을 정원에 온전히 재현하는 일은 사실상 불가능하지만, 그가 장황하게 묘사하는 요소 중 적당한 것을 골라 자기 정원에 들이는 일은 상대적으로 쉽기 때문이다. 때로는 책에 수록된 이미지를 그대로 본뜬 건축물이나 조각상을 만들기도 했다. 이는 '몬스터 파크'라는 별명으로 더 잘 알려진 보마르조Bomarzo를 비롯한 르네상스의 주요 정원과 베르사유는 물론 초기 식물원에 빈번히 등장한다. 사람들은 실제 만들어진 장소를 찾아 문학 텍스트를 떠올리고 각종 조각과 장식, 혹은 정원이 담고 있는 주제를 떠올리는 지적 유희를 즐겼다. 이런 과정을 통해 점차 새로운 정원의 모습, 나아가 경관에 대한 새로운 감성이 형성되었다.

온갖 모험과 시련을 겪은 폴리필로는 결정적인 선택의 순간에 천상의 영광과 지상에서의 명성, 사랑 중에서 사랑을 고른다. 그리하여 드디어 폴리아와 만나고, 이 연인은 사랑의 신 큐피드의 수정배를 타고 키테라섬으로 함께 떠난다. 키테라섬은 "혹독한 겨울의 서리나 타는 듯한 더위, 얼어붙는 추위" 없이 "모든 것이 봄 같고" "모든 곳에 식물이 심겨 있고, 채원과 허브 정원, 풍성한 과수원, 수목원과 관목"이 어우러진 말로 표현할 수 없을 정도로 아름다운 곳이다. 이곳은 사랑의 여신인 비너스의 영역이고, 또 그녀의 요절한 연인인 아도니스의 무덤이 있는 곳이기도 하다. 이 영원한 봄의 섬 키테라에서 폴리필로와 폴리아는 행복한 때를 누리고, 또 진정한 사랑의 결합을 이룬다. 하지만 님프들과 여흥을 즐기다 포옹하고 입을 맞추는 순간 폴리아는 작별 인사를 남기고 공기처럼 사라진다. 그리고 폴리필로는 잠에서 깨어난다.

 그는 이제 아름다운 정원도, 폴리아도 없는 현실로 돌아왔다. 얄궂게도 그날은 사랑의 계절인 5월의 첫날이었고, 그는 혼자다. 이는 키테라섬과 그곳의 영원한 봄의 정원 또한 좋으나 어디에도 없는 장소인 유토피아임을 말해준다. 당시 독자들은 아직 유토피아라는 말을 몰랐겠지만, 정원이 그러한 속성을 담고 있음은 어렴풋이 알고 있었을 것이다. 그리고 지금 여기에서 그 좋은 장소를 꿈꾸고 누리기 위해 폴리필로의 낙원을 떠올리게 하는 정원을 만들었을 것이다. 우리는 꿈이라는 것을 알면서도, 아니, 꿈처럼 사라질 것을 알면서도 계속 꿈을 좇으니까.

죽음으로도
죽지 않는 사랑

크리스티앙 보뱅, 《그리움의 정원에서》

'튀 므 망크Tu me manques.' 프랑스어 초급 단계에서 배우는 표현으로 '네가 그립다'라는 뜻이다. 이 문장을 축자적으로 옮기면 '네가 나에게 부족하다'인데, 프랑스어를 처음 배울 때 굉장히 시적이라고, 심지어는 철학적이라고 생각했다. 영어에도 '아이 미스 유I miss you'라는 표현이 있지만 '나는 너를 놓친다'보다 더 깊고 넓게 그리움을 담아낸다고 여겼다. 내가 아니라 너를 주어로 해 내 안의 결핍을 표현할 수 있다니. 사랑에 대해 궁금한 게 많았던 때는 이렇게 동사 하나에도 온 마음을 기울였다. 이 해석이 오해였다는 것을 알게 된 창피한 일도 겪고, 그 부족함이 결코 채워질 수 없음을 점차 알게 되면서 '튀 므 망크'는 '다음에 식사나 한번 해요'처럼 거짓말은 아니지만 조금은 비어 있는 인사말이 되었다. 프랑스의 작가 크리스티앙 보뱅Christian Bobin의 《그리움의 정원에서 La plus que vive》(1997)를 읽다 이 오래전 '튀 므 망크'를 다시 떠올렸다.

《그리움의 정원에서》는 보뱅이 16년 동안 사랑한 지슬렌Ghislaine을 위한 책이다. 그녀는 프랑스어 교사이고, 두 번 결혼했고, 세 아이의 엄마다. 그리고 1995년 8월 12일에 파열성 뇌동맥류로 갑작스레 사망했다. 향년 44세. 하지만 이런 정보들은 보뱅이 사랑한 지슬렌에 대해 말해주지 않는다. 그녀는 바쁜 일상 속에서도 500년 동안의 행복을 만들기 위해 5분 동안 산책을 즐기고, 주방으로 가는 복도 바닥에서 60센티미터 위에 아이 눈높이에 맞추어 레오나르도 다빈치의 그림이 인쇄된 달력을 거는 지혜롭고, 사랑이 깊은 사람이다. 그리고 날아다니는 기쁨을 붙잡았다 곧장 다시 돌려보내고, 슬픔이 자신의 본성을 잃을 정도로 다정하게 슬픔에 문을 열어주는 웅숭깊은 이였다. 보뱅은 그녀의 부재를, 그녀가 남긴 보물인 그리움, 공허, 고통 그리고 기쁨을 이야기한다.

'그리움의 정원'이라고 하면 대개 함께, 아니면 그리운 이가 가꾸던 정원, 혹은 추억이 있는 정원을 떠올리게 된다. 하지만 보뱅의 글에는 실제의 정원이 거의 등장하지 않는다. 이들이 함께 걸었던 네다섯 군데의 소박한 산책로, 그녀의 언니 집 앞 장미 정원, 숲과 자연이 있을 뿐. 보뱅의 기억 속에서 이곳들은 그녀를 위한, 그녀에 대한 그리움을 담아내는 "작은 글의 정원"이 된다. 이 정원은 중요한 정보들을 머릿속에 존재하는 상상의 장소에 순서대로 배치하는 '기억의 궁전'처럼 정교하지는 않지만 도처에 있다. 보뱅은 지슬렌이 좋아하는 고광나무 꽃이나 제비꽃 향에서, 움직이는 빛의 이미지에서, 텔레비전에서 본 나무들 사이의 오솔길 이미지에서, 광활하게 펼쳐진 풍경 속에서, 땅과 드넓은 하늘의 한결같은 아름다움 속에서 지슬렌을 본다. 이는 "잉크도 종이도 없는 '그곳'에서 무엇이라도 사용하여" 그녀가 보낸 편지이기 때문이다.

보뱅은 1979년 9월 말의 어느 금요일, 하얀 파티 드레스를 입고 들어오는 그녀를 처음 본 순간부터 사랑했지만, 그 사랑은 관습적이지 않았다. 지슬렌이 두 번의 결혼 생활을 하고 이를 마무리하는 동안 보뱅은 그녀를 바라보고 꾸준히 뒤따른다. 보뱅이 지슬렌을 사랑하는 만큼 지슬렌도 보뱅을 사랑했을까 궁금하기도 하지만, "절망, 사랑, 쾌활함"이라는 장미 세 송이를 마음에 지닌 지슬렌이 삶을 사랑하는 방식을 나의 짧은 잣대로 보면 안 될 것 같다. 그녀는 "사랑 안에서 빛나는 자유"를 한 번도 놓친 적이 없었으니 말이다. 그리고 보뱅은 가장 바쁘고도 고요한 방식으로 그녀를 사랑했다. 아니, 사랑한다. 이런 지극한 사랑이 있을까 싶을 정도로 여전히 사랑한다.

죽음, 그리고 뒤이은 애도 과정을 다룬 글은 많다. 죽음을 앞둔 이가 전하고 싶은 말, 갑작스러운 죽음으로 전할 수 없던 말의 그림자를 더듬는 글. 남겨진 이들의 상실, 견디기, 대답 없음에 대답하는 글. 그리고 보뱅은 "사랑하는 사람을 잃은 후에도 읽을 수 있는 책"을 쓰기 위해 쓴다. 죽음과 상실에 대한 글이지만《그리움의 정원에서》의 진정한 주제는 사랑이다. '사랑(라무르 l'amour)'과 '죽음(라 모르 la mort)'의 프랑스어 발음이 비슷해서일까, 지슬렌에 대한 보뱅의 사랑은 죽음으로 끝나지 않는다. 그녀는 죽었지만 사라지지 않았고, "널 사랑한다"고 말하는 시간은 삶 전체의 시간을 덮는다. 그러하기에 보뱅은 지슬렌에 대한 글은 "과거시제가 아닌 순수한 현재시제로, 오로지 현재의 시점으로 써야 한다"고 말한다. 그렇지만 보뱅은 종종 과거시제를 사용하고, 이는 지슬렌의 빈자리를 더욱 크게 만든다. 그녀는 부재하나 사랑은 현존한다, 책의 원제처럼 "더욱더 생생하게 La plus que vive". 그러하기에 보뱅은 "죽음은 '사랑'을 빼앗을 수 없다. 그렇다면 도대체 죽음이 네게서 낚아챌 수 있었던 건 무엇이었을까?"라고 묻는다.

보뱅은 이 글을 내일이면 라일락과 벚꽃이 축제를 벌일 봄의 문턱에 썼다. 하지만 그에게는 "단 한 번의 봄이 일생의 모든 봄"이었고, '그리움의 정원'은 지슬렌이 세상을 떠난 여름 이후의 가을과 겨울의 정원이다. 시들고 생명의 기운이 다한 듯한 정원. 예전에는 붉은 장미가 피었지만 이제는 고통에 휩싸인 검은 나무에 불과한 장미나무가 흰 눈에 뒤덮인 정원. 하지만 나무들이 지슬렌의 웃음을 조금은 모아두었기에 영원을 사는 정원. 이 정원에는 "노래와 이야기로 만든 두 개의 문"이 있다. 하지만 그 이야기는 보뱅의 것이 아니고, 그는 "다만 이야기를 들려주는 자일 뿐"이다. 어디든 함께했지만 그럴 수 없었던 단 하루, 그날 이후, 보뱅은 자신은 넘어갈 수 없던 저편을 보기 위해 애쓰며 이 정원에 머물고, 언젠가 그녀에게 가닿기 위해 "지금에서 지금으로" 간다. 그 시간 동안 "그리움과 공허와 고통"은 "가장 큰 기쁨"이 되리라.

보뱅의 글을 무어라 불러야 할까. 시도 아니고 소설도 아니며, 아포리즘은 더더욱 아니다. 책은 얇고 어려운 단어도 없지만, 고르고 고른 말들 사이에 머물게 된다. "문학을 해서는 절대로 안 돼, 글을 써야지. 그건 전혀 다른 거거든"이라는 지슬렌과의 약속을 지키듯, 그는 쓴다. 지슬렌을 위해, 지슬렌과 함께. 그의 기억은 죽은 이를 끊임없이 불러내지만 서러운 초혼은 아니다. 지슬렌에 대한 글을 씀으로써 보뱅은 곁에 잡아둘 수 있는 빛을 찾아 그녀를 영원히 살게 하고, 또 그 자신도 "사랑하는 사람들의 마음속"에 있는 진정한 거처로, 영원으로 들어간다. 이런 글쓰기에서는 논리적 전개나 완결성이 중요하지 않다. "처음 내리기 시작하는 눈송이들보다 더 환한 빛"을 발하는 텍스트는 없기 때문이다.

인적 없는 정원에서처럼 침묵을 듣는다. 겨울 정원을 거닐 듯 조심스럽게 페이지를 넘기고, 구절을 옮겨 적는다. 시가 아님에도 시를 읽고 난 듯 주변 공기가 맑고 시려진다. 다른 시간과 공간으로 감각을 이끄는 그런 정원을 거니는 상상을 해본다. 눈이 되고, 라일락이 되고, 태양이 된 지슬렌이 있는 정원. 눈물 아래 웃음이 있는 정원. "시간의 음침한 숲과 영원의 빈터" 사이의 정원. 서리가 얇게 드리워져, 걸음마다 바스락거리며 발자국을 검게 남기는 정원. "고독과 빛과 고요로 감싸인 도피네의 작은 처소" 같은 정원. 지슬렌이라는 이름이 하얀 입김으로 사라지는 겨울 정원. 그리움 속에서 시들기도 하고, "그 안에서 켜켜이 쌓이는 삶을 깨닫는" 정원. 결국에는 사랑이 노래가 되어 흘러나오는 정원. 그 정원의 이름은 그리움이다.

스위트 캔디, 근대의 향기

이가라시 유미코, 《캔디 캔디》

1970년대 말에 지어진 대규모 아파트 단지에서 나고 자란 나에게 어린 시절 장미는 아파트 담장 곳곳에 핀 진홍빛 덩굴장미, 그리고 〈들장미 소녀 캔디〉와 〈베르사유의 장미〉 같은 일본 순정만화 속의 장미였다. 작고, 가끔은 벌레가 튀어나와 기겁하게 되는 동네의 장미에 비하면 만화 속의 크고 화려한 장미는 얼마나 환상적이었던지. 학교 앞 문방구에서 사 온 딱따구리문고의 《순정만화백과》에 실린 장미 그리는 법을 열심히 따라 했고, 글로 남기기엔 좀 쑥스럽지만 집에 장미꽃 선물이 들어오면 동생과 함께 몰래 꽃잎을 몇 개 떼어다 공중에 뿌리며 바람에 흩날리던 만화 속 장미를 상상하기도 했다. 원제 《캔디 캔디》로 출판된 《들장미 소녀 캔디》처럼 1980~1990년대 해적판 만화와 애니메이션으로 접한 일본 만화들을 다시 구해 보았다. 가슴 설레던 수많은 장면들을 이제는 '아이고, 아기들 뭐 하니' 하는 마음으로 보게 된다. 하지만 추억이 바래지 않으려면 어릴 적 그 만화는 좀 흐린 눈으로 봐야 하지 않을까.

《캔디 캔디》(1977~1979)는 제1차 세계대전 이전인 19세기 말~20세기 초 미국 미시건 호수 남쪽 작은 마을의 산골짜기에 있는 고아원 포니의 집에서 시작한다. 포니의 집 문앞에서 '캔디스'라는 이름이 적힌 메모와 함께 한 어린아이가 발견되었고, 한 시간 뒤 애니가 맡겨졌다. 포니의 집에 온 날이 이 아이들의 생일이다. 여섯 살 생일이 얼마 지나지 않아 애니는 부잣집에 입양되었다. 처음에는 편지가 오갔지만 고아원 시절을 잊고자 한 애니는 곧 절연을 통보한다. 일방적인 결별에 우는 캔디 앞에 킬트를 입고 백파이프를 든(지금 보면 좀 뜬금없다) 멋진 소년이 나타나 캔디를 위로하고 사라진다. 캔디는 은제 휘장을 떨어뜨리고 간 그를 '나의 왕자님'으로 기억한다. (이 소년은 이후 아드레이 가문의 가주라는 자신의 정체를 숨기고 그저 사람 좋은 한량 알버트 씨로 캔디에게 다가간다.)

열두 살이 된 캔디는 스코틀랜드의 명문가인 아드레이

가문이 소유한 레이크우드로 가게 되는데, 희망과 달리 입양이 아니었다. 동갑내기인 이라이자의 말벗이라지만 하녀 고용살이나 다름없었고, 이라이자와 닐 남매의 괴롭힘을 받는다. 여섯 살 때처럼 뛰쳐나와 우는 캔디 앞에 그때처럼 멋진 소년 안소니가 나타나 "울지 마, 꼬마 아가씨…"라며 웃는다. 장미 아치를 배경으로 한 이 장면은 어린 연인들이 사랑을 나누는 로코코 회화를 떠올리게 할 정도로 로맨틱하다. 여섯 살 때의 왕자님과 닮은 이 소년의 "우는 얼굴보다 웃는 얼굴이 더 귀여워"라는 응원을 들은 캔디는 이날 이후 역경에 굴하지 않는 '캔디형 여주'로 성장한다. 캔디는 정원에서 어릴 적 왕자님이 떨어뜨리고 간 것과 같은 은제 휘장 문양을 발견하고 이곳에서 그를 다시 만날 수 있으리라 생각한다. 그를 찾으려 숲이 있을 정도로 드넓은 아드레이 가문의 영지를 누비다 아치와 스테아도 만난다. 가주 윌리엄을 대신해 가문의 일을 관장하는 에르로이 할머님의 이사 파티에서 주제넘게 안소니, 아치, 스테아와 즐거운 시간을 보낸 죄로 캔디는 마구간으로 쫓겨난다.

    안소니는 마구간으로 캔디를 찾아와 장미의 품종 개량에 성공했고, 이 장미의 이름이 '스위트 캔디'라고 말한다. 그리고 처음 핀 꽃을 캔디의 가슴에 달아준다. 이날 애니가 아드레이가의 파티에 왔지만 서로 모른 척한다. 캔디는 애니를 위해, 애니는 고아원 출신이라는 사실을 짝사랑하는 아치에게 들키기 싫어서. 하지만 애니를 괴롭히려는 닐을 말리려다 캔디는 닐과 싸우게 되고, 이를 말리던 안소니는 자기가 달아준 장미 가시에 다치고 캔디에게 모진 말을 한다. 상심한 캔디는 영지를 방황하다 무심코 탄 배가 표류하면서 위험에 처하지만 알버트 씨의 도움으로 며칠 만에 집으로 돌아간다. 하지만 이라이자와 닐의 어머니인 라건 부인은 캔디를 해고하고, 다음 일자리를 구할 때까지만 머물 수 있다고 통보한다.

　이 소식을 들은 안소니와 아치, 스테아는 캔디를 데리고 와 할 일을 떠올리는데, 안소니는 함께 장미를 재배하는 상상을 한다. 떠나고 싶지 않던 캔디는 알버트 씨에게 도움을 청하는 편지를 병에 담아 물에 띄워 보내고, 마침 야간 승마를 나온 안소니를 만난다. 함께 숲길을 달리며 이 둘은 오해를 푸는데, 이때 캔디는 선물받은 스위트 캔디를 화분에 심었다고 말한다. 이 장면을 본 이라이자는 질투에 휩싸이고 닐과 작당하여 캔디에게 도둑 누명을 씌운다. 멕시코로 쫓겨나게 된 캔디는 장미 정원에서 즐거운 시간을 보내던 안소니, 아치, 스테아에게 작별 인사를 한다. 그다음 날 새벽 갑작스럽게 출발하면서 소년들과 길이 엇갈리고, 킬트를 차려입은 소년들은 언덕 위에서 백파이프를 연주하며 마음을 전한다. 길을 떠나는 캔디의 손에는 스위트 캔디가 심긴 화분이 들려 있다. 멕시코로 가던 중 캔디는 질 나쁜 포터에게 강간당할 위기를 맞으나, 아드레이가의 집사 조르주가 나타나 캔디를 구하고 윌리엄의 명에 따라 그가 아드레이 가문의 양녀로 입적되었음을 알린다.

다시 돌아온 안소니의 장미 정원에는 스위트 캔디가 가득 피었다. 행복한 시간은 흐르고 어느새 꽃이 지는 시기가 되었다(만화에서는 장미꽃이 시드는 게 아니라 벚꽃처럼 흩날린다. 어릴 적 따라 그리던 그 풍경이다). 정원에서 서로의 마음을 확인한 다음 날 여우 사냥 행사가 있었는데, 그날 아침 캔디의 방 화병에 꽂혀 있던 스위트 캔디가 모조리 시들었다. 이 불길한 조짐이 맞았을까, 안소니는 사냥 중 낙마 사고로 즉사한다. 캔디가 정신을 잃은 사이에 장례가 모두 끝났고, 다시 찾은 장미 정원은 황폐해졌다. 캔디는 절망했지만 알버트 씨를 만난 뒤 다시 삶의 의지를 북돋운다. 이후 안소니를 회상할 때마다 배경에는 으레 장미가 등장한다.

여기까지가 전반부의 주요 내용인데, 정원을 공부한 뒤 보니 연애담보다 안소니의 장미 정원에 관심이 간다. 배경이 되는 20세기 초에는 오늘날 우리에게 익숙한 개량종(하이브리드 티 계열, 혹은 현대 장미라고 한다) 장미가 보급되고, 수많은 육종가들이 경쟁적으로 신품종을 내놓았다. 장미 육종은 안소니 같은 부유한 가문 도련님의 세련된 취미로도 흠이 되지 않을 테다. 다만 그 나이가 놀랍다. 캔디와 안소니가 만났을 때 캔디는 열두 살, 정확하게 언급되지는 않지만 안소니는 열네다섯 살, 중학생 나이다. 프랑스의 육종가 장 바티스트 앙드레 기요 Jean-Baptiste André Guillot가 1867년 최초의 하이브리드 티 장미인 '라 프랑스 La France' 육종에 성공했을 때 그는 40세였다. 아버지의 뒤를 이어 평생을 장미 육종에 바쳐온 장인의 노력이 무색하게, 이 천재 소년은 10대의 나이에 '스위트 캔디'를 육종했다. 들장미 소녀 캔디처럼 생명력도 강한지 가슴에 달아줄 정도로 짧게 자른 줄기를 한참 후에 화분에 삽목해도 쑥쑥 자란다. 식물을 잘 키우는 사람을 영어로 '초록 엄지 green thumb'라고 하는데, 안소니는 엄지가 아니라 온 손이 초록인가 보다. 애니메이션 버전에서는 스위트 캔디의 색도 알 수 있는데, 무려 푸른빛이 도는 흰 장미다. 장미에는 꽃잎의 파란색을 만드는 델피니딘이라는 색소를 만드는 효소가 없다. 그래서 '파란 장미'는 오랫동안 원예가들의 이룰 수 없는 꿈이었다. 이런 원예 천재가 요절하고 그의 장미 정원도 사라진 것은 허구의 사건이라 하더라도 너무 안타깝다.

핍진성을 너무 따지지 말고 다시 장미를 생각해본다. 《캔디 캔디》의 작가들은 왜 많고 많은 꽃 중 장미를 택했을까. 물론 장미는 다양한 의미를 담을 수 있고, 화려하고 아름답고 향기롭기에 고대부터 세계 곳곳에서 사랑받은 꽃이다. 하지만 동아시아에서 장미가 인기 있는 꽃이 된 지는 얼마 되지 않았다. 해당화나 찔레, 인가목 같은 장미속屬 식물이 있었지만, 꽃의 여왕은 장미가 아니라 부귀와 영화의 의미를 담은 모란이었다. 설총의 〈화왕계花王戒〉에서도 꽃의 왕은 모란이고, 장미(해당화)는 아첨하며 화왕을 유혹하는 이가 아니었던가. 일본에서 가장 오래된 문학인 《만엽집萬葉集》에 장미가 등장한다고 하지만, 이것도 찔레薔로 추정된다. 우리가 떠올리는 장미는 근대의 시작과 함께 서구에서 들어온 개량종이다.

일본에 개량 장미가 언제 처음 들어왔는지는 정확히는 모르지만, 메이지 시대(1868~1912) 이후로 추정된다. 에도 시대부터 일본인들의 원예에 대한 관심은 유명했지만, 장미 정원은 양관洋館이라고 하는 서양식 건축물처럼 서구적인 것, 근대를 상징했다. 도쿄에 있는 구 후루카와旧古河 저택과 정원 같은 곳에서 '탈아입구脫亞入歐'를 외치며 서구, 특히 유럽을 선망한 근대 일본의 자취를 찾아본다. 이곳은 다이쇼 시대(1912~1926)의 재벌 후루카와 도라노스케古河虎之助의 소유였고, 일본 근대 건축의 아버지라 불리는 영국 출신의 건축가 조사이아 콘더Josiah Conder가 설계했다. 2층은 일본식이지만 1층은 완전한 서양식 구조이고 벽돌을 쌓은 건물의 외양도 영국의 매너 하우스manor house를 떠올리게 한다. 언덕의 고저 차를 이용하여 높은 곳에 서양식 건물을 놓고, 아래 경사면을 따라 장미 정원을 조성했다. 경사를 따라 더 내려가야 일본 정원의 대가 오가와 지헤小川治兵衛가 조성한 일본식 정원이 나온다.

《캔디 캔디》의 작가들이 구 후루카와 정원이나 다른 외국인 거류지에 남아 있는 장미 핀 서양 정원을 방문한 적이 있는지는 알 수 없다. 하지만 《캔디 캔디》나 《베르사유의 장미》가 출간된 1960~1970년대 전후 고도성장 시대의 일본에서 장미는 서구적인 아름다움, 그리고 부유함을 상징했다. 화려한 하이브리드 티 장미가 인기를 끌고, 후쿠시마의 후타바双葉 장미원처럼 장미를 전문으로 하는 정원들이 생겨났다. 그만큼 전후 부흥기의 일본인들에게 장미는 매력적이었으리라. 그러니 시대의 흐름을 가장 잘 반영하는 대중문화, 특히 서양의 상류 세계를 배경으로 하고, 여성을 주요 독자로 삼은 순정만화에서 장미는 필수적이었을 것이다. 그리고 이는 '외로워도 슬퍼도 울지 않고' '혼자 피어 있어도 외롭지 않은' 캔디와 〈베르사유의 장미〉의 오스칼이라는 새로운 여성상까지 만들었는데, 이들이야말로 진정한 현대 장미의 시작이 아닐까.

사랑엔 결코
지나침이 없음을

파스칼 키냐르, 《우리가 사랑했던 정원에서》

비밀을 하나 말해줄까, 딸아.

사랑엔 결코 지나침이 있을 수 없단다.

— 시미언의 말

사랑하던 이를 잃은 뒤의 슬픔을 정원이 위로할 수 있을까. 어떤 문학 작품은 그렇다고 하고, 정원은 실제로든 은유로든 추억과 그리움, 상처와 기억, 바람과 회복의 장소가 된다. 가령《그리움의 정원에서》에서 보뱅은 지슬렌의 자취를 도처에서 보고 거기에서 그녀가 보낸 메시지를 읽어내려 한다. 그러면서 정원은 오솔길로, 장미 정원으로, 빛으로, 마침내 영원으로 무한히 확장한다. 하지만 어떤 이에게 정원은 사랑하던 이가 남긴 세상을 응축해 모은 작은 세계, 모든 것의 구심점이 된다. 프랑스의 작가 파스칼 키냐르Pascal Quinard가 쓴 《우리가 사랑했던 정원에서Dans ce jardin qu'on aimait》의 주인공 시미언의 정원과 같이.

《우리가 사랑했던 정원에서》는 미국의 사제이자 음악가인 시미언 피즈 체니Simeon Pease Cheney, 1818~1890의 삶, 사랑, 그리고 정원에 대한 이야기다. 그는 사제관 정원에서 지저귀던 새들의 모든 노래를 악보에 옮겼고, 이를 모은 《야생 숲의 노트Wood Notes Wild: Notations of Bird Music》를 출간하고자 했다. 그는 새소리, 바람소리, 옷자락 소리, 뜨개바늘 소리, 물방울이 포석 위로 떨어지는 소리와 같이 우리가 잘 인식하지도 않는 소리 속에 숨은 음악을 찾아냈으나 당시에는 무시당하거나 혹평받았다. 하지만 드보르자크나 라벨, 메시앙과 같은 음악가들이 그의 발걸음을 따랐다.

키냐르는 그의 "소리들로 웅성이는 기이한 사제관"에 매료되어, "죽은 아내에 대한 그의 사랑이 끊임없이 서성이는 이 정원"에 대한 이야기를 구상했다. 《우리가 사랑했던 정원에서》는 체니에 대한 이야기이지만, 실제 생애와는 상당히 다르다. 극에서 체니의 아내 에바 로잘바 밴스 체니는 출산 중 사망하고, 그에 대한 그리움이 극의 중심을 이룬다. 하지만 현실에서 그는 크리스티아나 밴스Christiana Vance, 1820~1888라는 여성과 결혼해 아들 둘과 딸 하나를 두었고, 오랜 시간을 함께했다. 에바는 첫돌을 맞지 못하고 죽은 막내딸의 이름이었다. 사후《야생 숲의 노트》를 자비 출간한 것도 극에서는 외동딸 로즈먼드이지만 실제로는 장남 존 밴스 체니였다.

이러한 사실은 잠시 잊고 키냐르가 새로이 만든, 음악과 사랑, 꿈과 슬픔, 환영과 행복이 정원에 머물고 영원히 사는 세계로 들어가보자. 일본의 전통극인 '노能' 공연의 형식을 빌린 무대에는 키냐르의 모습을 떠올리게 하는 내레이터, 시미언, 딸 로즈먼드, 그리고 유령의 모습으로 소환되는 에바가 등장한다. 내레이터가 낭송과 연주로 시미언을 소환하고, 시미언이 다시 죽은 아내를 소환하는 이중의 초혼. 에바를 빼닮은(극에서는 1인 2역이다) 로즈먼드는 끊임없이 아버지에게 다가가지만 거부당한다.

시미언은 목회자이지만 보통의 성직자와는 조금 다르다. 그는 사제의 도움과 위안, 자비와 기도가 필요한 교구의 신도들, 그리고 어쩌면 신보다 아내와 아내가 가꾸던 정원을 더 소중히 여긴다. 젊은 시절 사랑하는 아내를 갑작스럽게 잃었고, 아직 온기가 남아 있는 유해를 두 번째 봄이

움튼 "우리가 사랑했던 정원"에 뿌리면서 시미언의 세상은 닫힌다. 그에게는 정원이, 정원만이 남았다. 그는 아내가 가꾸던 정원을 돌보고, 또 정원의 모든 소리를 기보한다. 아내가 품었고 사랑한 정원과 버드나무숲, 장미원, 나룻배, 광채를 통해 그녀를 계속 살아 있게 하고자 했다. "아내가 사랑했던 정원에 있으면 나 자신이 그녀 안에 들어 있는 것처럼 느껴지기 때문"에 시미언은 정원에 머물며 행복해한다. 그리고 시미언에게 정원 속 새들의 노래는 한때 그들이 있었던 천국의 무언가, "세상의 모든 행복"이기에 이를 붙잡고자 한다. 이브를 잃고 홀로 남은 아담은 최초의 정원을 가꾸고 그곳의 소리를 찾아나가는 방식으로 애도한다.

그의 사랑을 무어라 불러야 할까. 옮길 수 없다고 여겨진 것을 악보로 옮기고, 영원할 수 없을 것 같은 사랑을 영원하게 만든다. 기억, 환영과 그림자를 다시 돌아오게 해 유령이 된 아내를 만난다(프랑스어에서 '유령revenant'은 '돌아오다revenir'에서 유래한다). 여전히 절절한 그와 달리 '돌아온 이'가 된 아내는 냉담하고, 때로는 그를 피해 정원으로 도망갔음을 털어놓는다. 그럼에도 뜯어내고 잘라낼수록 "더 무성해지고 더 어두워지고, 잿빛이고 빽빽해져 숨 막히게 하는" 무덤 위에서 자라는 송악처럼 그는 자신의 사랑에 집착한다. 그는 이렇게 아내의 정원을 가꾸며 그 시절을 돌아오게 하려 한다. 하지만 "세상의 모든 아침은 다시 오지 않는다".

아내의 죽음에서 태어난 딸은 이제 아내보다도 나이가 들었다. 어머니의 죽음을 원죄로 지닌, "완전히 태어난 존재"가 아닌 딸은 "그녀의 죽음이 죽어버리게 하고 싶지" 않은 아버지에 의해 낙원에서 추방된다. 그리고 스스로를 가둔 정원에서 시미언은 침묵 속에서 자연의 신비로운 음악을 듣는다. "소리 없는 복원과 같은" 의식儀式을 위해서는 혼자여야 하며, "말없이 과묵한 전례는 기도보다 더 강력하고, 더 효과적이고, 더 매력적"이기 때문이다. 그리고 이때 우리의 영혼은 "지극히 혼란스러운 꿈속에서도 자초지종을 인지하듯" "연속된 음들 뒤에 감춰진 곡조를 감지"할 수 있다. 기도를 넘어선 시미언의 꿈을 통해 우리 또한 잃어버린 낙원의 음악을 떠올리고, 정원에 머물게 된다.

마치 강물이 흘러가며 이름이 바뀌듯, 정원을 사랑하고 돌보는 이도 변화한다. 로즈먼드는 생전 수차례 출판을 거절당한 시미언의 《야생 숲의 노트》를 유고집으로 출간한다. 그리고 한때는 어머니의 세계였고, 그다음에는 아버지의 세계였던 곳, 경이로운 자연이 가득했으나 "지금은 소리로 가득한 정원"으로 돌아온다. "아버지라는 한 남자의 무관심으로 물기가 말라버린 작은 뿌리"와 같던 로즈먼드는 이제 스스로 정원에 조심스럽게 "물과 서늘함, 그늘"을 부어준다. 출판 기념회 날 격렬한 소나기 이후 정원에 뜬 무지개는 이 낙원, 비로소 에바와 시미언, 로즈먼드가 '우리'가 되어 사랑하는 정원이 늙지 않고, 심지어 나날이 젊어지며 영원을 살리라는 것을 암시하는 듯하다.

   이 지극한 사랑, 그리고 정원의 마법을 어떻게 설명해야 할까. 정원의 모습을 떠올려본다. 19세기 미국 동부의 조용한 사제관에 딸린 너른 정원, 풀숲과 조약돌이 깔린 작은 오솔길이 있고, 새들이 노래하고, 작은 숲과 연못이 있고, 갈대와 나룻배가 있고, 정원 끝의 연못가에는 버드나무와 산사나무, 개암나무 아래로 민트가 자라고, 장미 덤불이 있고, 아내의 이름에 (흰 장미 rosa alba라는 뜻의) 로잘바가 있어 심은 마가목(장미과의 나무)이 있고, 떡갈나무와 아카시아가 있고, 등나무, 등심초, 회양목, 엉겅퀴, 송악, 인동덩굴, 팬지, 아네모네, 달리아, 개양귀비, 서양지치, 스위트피가 자라는 정원. 몇 년 전 국내 상연(2021년, 세종문화회관) 무대는 이러한 정원의 사랑스러운 모습을 보여주려 했었다. 마스크를 쓴 탓인지 생화를 사용한 무대의 향취를 온전히 느낄 수 없어 아쉬웠다.

　하지만 《우리가 사랑했던 정원에서》에서 정원의 구체적인 형태를 찾는 것은 중요하지 않아 보인다. 홀로 낭독을 해본다. 나는 내레이터이자 정원의 마법에 걸려든 주인공이다. 태초의 음악과 영원한 사랑은 이 정원에서 하나가 된다. 읽기를 멈추고 소리에 귀를 기울여본다. 비록 시미언처럼 한적한 정원이 아니라 도심의 소음 속에서 새소리를 더듬는다 하더라도. "구슬프고, 느리게 움직이는, 차분하고 우아하면서도 격식을 차린 일련의 장면들"이 펼쳐지는 너른 상상의, 혹은 잃어버린 정원에서는 정원의 음악 뒤로 사랑하는 이의 목소리를 듣게 될까. 아니면 원서의 마지막 단어처럼 "침묵 속에en silence" 머물까.

3. 욕망의 정원

세바스티앙 샤를 지로 Sébastien-Charles Giraud, 〈마틸드 공주의 베란다 La Véranda de la Princesse Mathilde〉(1864)

투기판 속
신흥 부자들의 정원

에밀 졸라, 《쟁탈전》

어느 도시의 모습, 그것도 과거의 모습을 보려면 우선 역사책을 뒤적인다. 정설로 인정받은 사건들의 기록도 중요하지만, 때로는 외전이 더 흥미롭다. 여기에서 한 걸음 더 나아가 문학 작품을 본다면? 허구라는 한계가 있기는 해도 다양한 인물 군상을 통해 역사책에서는 볼 수 없는 삶의 면면을 그려볼 수 있다. 특히나 사건은 강렬하되 문체는 건조한 19세기 프랑스 소설은 당대 프랑스 사회를 생생하게 전달한다.

가령 하비David Harvey가《모더니티의 수도, 파리Paris, Capital of Modernity》에서 자주 언급한 발자크Honoré de Balzac의《인간 희극La Comédie humaine》이 1830년 7월혁명부터 1848년

2월혁명까지를 다룬다면, 플로베르의 《감정교육L'Education sentimentale》은 2월혁명부터 제2제정 시기까지 아우른다. 이어 에밀 졸라Emile Zola의 루공-마카르 총서Les Rougon-Macquart는 제2제정 시기의 다양한 인간 군상을 샅샅이 훑고, 프루스트의 《잃어버린 시간을 찾아서》는 벨 에포크 시기를 추억한다.

루공-마카르 총서는 이부형제에서 파생된 루공 집안과 마카르 집안 후손들의 흥망성쇠를 통해 제2제정기 프랑스 사회를 묘사한 졸라의 소설 모음집이다. 스무 권으로 된 총서의 두 번째 작품인 《쟁탈전》(1872)은 두 집안 중 상류층에 속하는 루공 집안의 셋째 아들 아리스티드 사카르와 그의 가족을 다룬다.

파리 재개발이 막 시작되던 무렵 아리스티드 루공은 부자가 되겠다는 꿈을 안고 상경한다. 일찌감치 정계에 발을 들인 형 외젠은 그를 파리 시청의 도로 담당 보좌관 자리에 앉히고, 성을 바꾸어 형제 사이임을 감추라고 한다. 처의 성을 약간 변형하여 사카르로 개명한 아리스티드는 한직에 불만을 품지만, 그 자리에서 도시 재개발과 관련된 고급 정보를 꿰찰 수 있음을 깨닫고는 누구보다도 성실하게 근무한다.

"파리 전체를 덮어버릴 투기의 거품 물결"이 올라오는 것을 느끼는데 투자할 자금이 없으니 사카르는 애가 탄다. 그런 때 불미스러운 사건으로 급히 혼처를 찾는 르네라는 아가씨의 소식을 듣는다. 때마침 병약하던 아내가 폐렴으로 죽는다. 르네와 재혼한 사카르는 그녀의 지참금과 상속 부동산을 바탕으로 투기판에 본격적으로 뛰어들고, 일련의 토지수용 보상을 통해 파리에서 손꼽히는 거부가 된다. 시에서 일하면서 토지수용에 대한 정보를 미리 알아내고, 몇 개의 부동산을 싸게 구입하고는 많은 배상금을 받아내서 큰 이익을 얻는 방식이다. 배상위원회 사람들은 서로의 부동산을 잘 감정해주는 동업자, 아니 공범이다.

어느 정도 자리를 잡자 사카르는 시골에 맡겨둔 아들 막심을 파리로 불러들이고, 사카르와 르네, 막심의 기묘한 동거가 시작된다. 사랑 없는 부부, 서로의 돈만 필요한 부자, 혈연관계 없는 모자로 구성된 이 가족은 "이익을 똑같은 몫으로 나누는 일종의 합자회사" 같은 기묘한 관계를 유지하고, "화려한 내부를 바깥에 전시하기 위한 현대식 백화점 진열장" 같은 집에서 산다. 실제로는 몇 살 차이 나지 않는 르네와 막심 의붓모자는 죽이 잘 맞는 친구가 되어 새로운 파리를 즐기고, 사치에 탐닉하고, 마침내는 근친상

간에 이른다. 하지만 이런 도덕적 타락도 돈 앞에서는 크게 중요하지 않은지, 사카르는 현장에서도 분노하지 않는다. 그 대신 르네의 남은 재산을 빼돌리고, 병약한 부잣집 아가씨와 결혼했다가 신혼여행길에 홀아비가 된 아들에게는 지참금을 자신에게 투자하라고 권한다.

르네는 루공-마카르 총서에 비중 있게 등장하는 여성 중에서는 드물게 중산층 인물이다. 그리고 다른 많은 여성 인물들처럼 도덕적으로 타락하고 몰락한다. 보수적인 법률가 가문 출신인 그녀는 친구네 집에서 여름을 보내던 중 유부남에게 강간을 당하고 임신한다. 가문의 수치를 염려한 고모가 급히 남편감을 구해줬고, 다른 사람들이 지참금 거래를 조율하고, 결혼식 전날에야 서로 얼굴을 보았으니, 시작부터 평범과는 거리가 먼 결혼 생활이다. 나이 많은 벼락부자 남편의 아내로, 사교계의 여왕으로, "제2제정을 떠받치는 기둥 중의 하나"로 군림하는 르네의 일상은 사치와 쾌락, 그리고 권태일 뿐이다.

의붓아들 막심에 대한 그녀의 욕망은 갖가지 이국적인 열대식물을 재배하는 온실로 은유된다. 산업혁명으로 철과 유리가 대량 생산되면서 '수정궁 Crystal Palace'과 같은 건물을 지을 수 있게 되었고, 상류층 저택에 딸린 유리 온실,

혹은 '겨울 정원'은 부의 상징이 된다. "루브르 궁전의 축소판"으로 저택을 지은 사카르가 이런 과시를 안 할 리가 없다. 수 페이지에 걸쳐 묘사되는 저택의 온실은 웬만한 식물원에 버금간다. 넓은 온실 가운데 있는 수반에는 열대의 수생식물이 자라고 주변으로는 남미, 인도, 아프리카, 중국에서 가져온 이름도 낯선 갖가지 초목이 넘쳐난다. 무르익고, 뜨겁고, 많고, 축축하고, 다양한 냄새와 향기가 뒤섞인 이 "불의 화원"은 미지의 쾌락에 대한 르네의 욕망을 일깨운다. 르네는 식물들이 서로 얽혀들며 "발정하는 온실"에서 막심과 밤을 보내며 이것이 사랑이라고 생각했지만, 이는 사카르의 투기만큼이나 허망하게 사라질 환상이다.

졸라는 이 시기 파리의 도시 재개발 과정에 나타난 이권 다툼을 사냥개들의 먹이다툼에 빗대었다(《쟁탈전》이라는 소설 제목이 여기에서 유래한다). "제정시대의 투기라는 쓰레기통 위에서 독버섯처럼 자라는" 부동산 개발 사업, 이를 통해 하루가 다르게 변화하는 도시의 모습, 인물들의 갈등과 몰락을 통속소설풍으로 다룬 부분도 흥미롭지만, 이 신흥 부자들이 그들처럼 새로 생겨난 파리 곳곳을 향유하는 방식이 눈여겨볼 만하다.

소설의 주요 배경이 되는 "새로운 파리"는 불로뉴 숲,

숲과 샹젤리제를 잇는 아브뉘 드 랭페라트리스Avenue de l'Empératrice('황후의 대로'라는 뜻으로 지금은 아브뉘 포쉬Avenue Foch로 변경되었다. 개선문에서 불로뉴 숲으로 이어지는 길이다), 도심의 널찍한 불바르boulevard, 카페, "파리의 새로운 화단"인 몽소 공원 주변의 대저택 등으로 나타난다. 여기는 인상주의 화가들이 즐겨 담던 장소이기도 한데, 졸라는 르네와 막심의 행로를 실제로 추적할 수 있을 만큼 세밀하고 정확하게 묘사한다. 그리하여 인상주의 화가들만큼이나, 아니 그들보다도 더 생생하고 치밀하게 당시 파리의 한 면을 그려낸다.

소설은 파리 서쪽 불로뉴 숲에서 시작해 불로뉴 숲에서 끝난다. 이곳은 오스만과 나폴레옹 3세가 단행한 파리 재개조의 주요 업적 중 하나이자 오늘날에도 손꼽히는 파리의 명소이지만, 이전에는 황량하고 지루한 데다 위험하기까지 한 악명 높은 곳이었다. 파리 교외 지역 개발과 더불어 정비된 불로뉴 숲은 사냥을 위한 직선의 길 대신 산책을 위한 구불구불한 산책로, 완만한 곡선의 언덕, 오래전부터 있던 것처럼 자연스러운 호수, 여기저기 심긴 아름드리나무가 어우러진 이상적인 자연 풍경을 재현한다.

불로뉴 숲을 정비한 이들은 파리 시민 모두가 평등하게

이용할 수 있는 장소를 만들고자 했지만, 불로뉴 숲은 문을 열자마자 신흥 부르주아들의 놀이터가 되었다. 소설에 길게 묘사되어 있듯 불로뉴 숲 방문, 특히 마차를 타고 호숫가를 도는 '산책'은 파리 상류층의 중요한 사교 행사였다. 특정 시간(노동자들이 일을 하는 주중 오후)에 특정 장소(불로뉴 숲 호숫가)에 나타나 특정 행위(마차를 타고 잘 차려입은 것을 뽐내는 산책)를 하는 일 자체가 특정 계층임을 드러내고 확인하는 사교계의 관례였기 때문이다. 때로는 황제 자신도 이런 마차 산책에 참여한다. 도시 문제, 공공 보건은 물론이거니와 계층 간의 교류와 사회 통합을 목표로 조성된 공공 공간이 실제로는 기득권 계층의 권태로운 유희 공간으로 전유된 것은 역설적이다.

19세기 후반 등장한 도시의 공공 공간은 이 시대가 우리에게 물려준 중요한 도시의 자원 중 하나다. 그리고 이 공간을 둘러싼 이야기 또한 여전히 살아 있다. "무너져 내리는 지역들과 6개월 만에 쌓아 올린 재산들이 내는 부산한 소리가 들리는 가운데 풀려난 욕망이 파렴치한 승리를 구가"하고 정원과 공원이 이를 그럴듯하게 덮는 곳이 비단 19세기 후반의 파리만은 아닌 것 같으니 말이다.

왕자님, 너무 감상적이에요

요한 볼프강 폰 괴테, 《감상주의의 승리》

정원을 만드는 까닭을 말할 때면 으레 '이상향'이라는 말이 나온다. 지금 여기에는 없지만 어딘가에는 있을 것 같은, 그리고 언젠가는 가게 되리라고 믿는 곳에 대한 상상은 삶을 견디게 해주니까. 정원은 이런 꿈의 한 조각이다. 이를 얼마나 아름답게, 크게, 정교하게, 혹은 비싸게 만들었는지, 어떤 메시지를 담았는지 아니면 의미 대신 형태로 표현했는지, 아니면 종교적인 상징 같은 것을 담았는지 등이 정원을 읽는 실마리가 된다. 그런데 어떤 정원을 만들든 조심해야 할 점이 있는데, 마지막에 딱 하나만 더 없고 싶은 마음을 꾹 참아야 한다. 식물이 과하면 금세 뒤죽박죽이 되고, 감성이 과하면 의미가 오히려 흐려진다.

80년대 말에서 90년대 초반에 유년기를 보낸 이들은 멕시코 드라마〈천사들의 합창Carrusel〉과 라우라를 기억할 것이다. 맥락과 상관없이, 심지어는 빵을 오물거리면서 "낭만적이야~"를 외치던 그 아이 말이다. 라우라는 대한민국의 국민학생들에게 낭만적이라는 말을 알려주고, 그 세대의 낭만관(?)에 지대한 영향을 미쳤다. 괴테의《감상주의의 승리Der Triumph der Empfindsamkeit: Eine dramatische Grille》(1777 집필, 1778 초연)를 읽다 문득 그녀가 생각났다.

괴테는 불과 25세의 나이에《젊은 베르테르의 슬픔》(1774)으로 유명 작가가 되었다. '베르테르 신드롬'이라는 사회현상까지 생겨났다는데, 어느 순간 자기 자신이 이런 베르테르풍의 감상을 견디지 못하게 된 것 같다. 특히 그가 고전적인 성향으로 전환하면서는 더욱 그런 것 같은데, 그 과정에서 일종의 '셀프디스'라고 할 수 있는《감상주의의 승리》가 나왔다. 괴테는 1778년 루이제 공작 부인의 생일 축가극으로 이를 집필했고, 직접 안드라손 왕 역을 맡았다고 한다. 현실성이 결여된 환상과 감상주의가 얼마나 우스워 보일 수 있는지를 보여주는 연극인데, 여기에서 자연과 정원이 어떤 역할을 하는지를 보자.

6막으로 된 연극의 줄거리는 다음과 같다. 어떤 왕국의 왕인 안드라손이 모호한 신탁을 받았는데, 궁정 사람 중에 이를 해독할 수 있는 이가 없다. 이때 언급되는 만단다네 왕비는 "달빛 속에서 산책을 하다 폭포 옆에서 잠이 들고, 나이팅게일과 긴 대화를 나누는", 그리고 제멋에 취해 "모노드라마를 연기하는" 아주 감상적인 인물이다. 그녀는 자신과 비슷한 성향을 지닌 다른 왕국에서 온 오로나로 왕자가 신탁을 받으러 간 이후 그를 내내 그리워한다.

2막은 오로나로 왕자의 엄청난 여행 짐에 대한 묘사로 시작한다. 왕자에 앞서 궁에 도착한 시종 메르쿨로는 그를 "세상에서 가장 섬세한 사람"이라고 묘사한다. 그는 "자연의 아름다움을 마음으로 느끼고" "지위보다 자연과의 부드러운 접촉을 더 소중하게 여기는" 인물이다. 궁정 사람들은 자신들도 달빛 속에서의 산책과 나이팅게일 소리를 좋아한다고 화답하지만, 메르쿨로의 대답이 아주 기가 막힌다.

> 저희 왕자님은 신경이 연약하고 극도로 예민하여 하루 중 대기의 급격한 변화에 조심해야 합니다. 물론 탁 트인 야외에서 항상 원하는 대로 기온을 조절할 수는 없겠지만, 주치의는 아침과 저녁 이슬이 매우 해롭고, 더운 여름날의 이끼와 샘물의

내음도 마찬가지로 위험하다고 합니다! 계곡의 운무 때문에 얼마나 쉽게 감기에 걸리는지요! 그리고 매우 아름답고 포근한 달밤에는 모기를 참을 수 없지요. 풀밭에서 생각에 잠기려 하면 금방 옷이 개미투성이가 되고요. 숲속 정자에서의 부드러운 감상은 종종 아래로 내려오는 거미의 방해를 받습니다. 왕자님은 이런 불편함을 해소할 방안이 있는지 학술원에 상금을 내거셨습니다. 여러 논문이 발표되었지만 이 문제는 전혀 해결되지 않았습니다.

듣기만 해도 피곤하다. 너무나 섬세해서 장미 꽃잎 위에 몸을 뉘어야만 잠을 잘 수 있고, 그러고도 피부에 상처와 물집이 생겼다고 징징대던 이가 고대 로마에 살았다던데, 설마 그 사람이 부활했나?* 당대 최고의 학자들도 이 까탈스러운 왕자가 바라는 것을 마련하지 못하자, 그는 예술가들을 동원해 자신의 성에다가 인공적인 자연을 만든다. 그의 방은 숲속 정자가 되고, 홀은 숲이 되고, 회의실은 동굴처럼 보인다. 이는 자연보다 더 아름답고, 자연이 주는 즐거움만 남겼다. 그런데 이걸로는 성에 차지 않는지 왕자

---

* 로마 시대의 작가 아일리아누스Claudius Aelianus가 당대의 진귀한 일화를 모은 《잡다한 이야기들Varia Historia》에 있는 이야기다.

는 여행을 갈 때도 "자연을 만드는 장인"이 만든 "여행용 자연"을 동반한다. 이를 전담하는 예술가 팀이 있는데, 어떤 상자에는 솟아 나오는 샘이, 다른 상자에는 달콤한 새의 노래가, 다른 큰 상자에는 포장된 달빛이 담겨 있다. 아직 산들바람을 담지는 못했다. 수행원들이 숲을 만드는 벽지를 펼치고, 상자들은 잔디 벤치와 바위, 덤불로 바뀐다. 정자 위에는 구름까지 있으니 정말 남다르다. 요새 유행하는 컨버전스 아트의 원조일까. 왕자가 좋아하는 자연은 천연도 아니고, 단순한 장식도 아니고, 특별한 효과를 내는 "인공 자연"이다. 앞 문장에서 '왕자가 좋아하는 자연'을 정원으로 바꿔도 크게 어색하지 않다.

인공 자연을 배경으로 하는 모노드라마를 즐기는 왕자는 실제의 여성들에게는 큰 흥미를 보이지 않는다. 그는 사람을 인공적으로 본뜬 물건인 인형을 사랑하는데, 그 인형이 우연히 만단다네 왕비를 빼닮았다. 그는 이 인형을 비밀스러운 정자에 두고는 밤새 사랑을 고백하고, 그러다가 잔디 의자에서 잠이 든다. 안드라손 왕의 네 딸들은 오로나로 왕자의 "여행용 자연"이 펼쳐진 방에 몰래 들어갔다가 왕비를 빼닮은 여인을 발견하고 깜짝 놀란다. 하지만 다시 보니 얼굴은 가면이요, 속은 지푸라기와 책으로 채워진 인형이었다. 책들은 당시 유행하던 낭만적인 책들인데 그중에는 루소의 《신엘로이즈》와 괴테 자신의 《젊은 베르테르의 슬픔》도 있었다.

오로나로 왕자가 자신을 사랑한다고 믿었던 만단다네 왕비는 이를 확인하고자 인형 대신 정자 속에 앉아 그를 기다린다. 피그말리온이었다면 인형이 사람이 되었다고 기뻐하고 신에게 감사했겠지만, 오로나로 왕자는 끝까지 인형을 사랑한다. 왕비는 망상에서 깨어나고, 그녀의 부정을 의심했던 왕은 오해를 풀고, 왕자는 인형을 돌려받고 행복해한다. 대개 신탁이 그렇지만 알쏭달쏭한 말들을 나중에 생각해보면 그게 이런 뜻이었구나 하게 된다. 왕이 받은 신탁에 언급된 "아름다운 손에 넋을 잃은" "붙잡을 수 있는 도깨비"는 부적처럼 인형의 속을 채우고 있던 감상적인 문학이었고, 왕비가 이를 극복하면서 왕국에는 "평화와 행복"이 다시 찾아온다.

오로나로 왕자는 가상의 인물이지만, 독일에는 그처럼 낭만에 살고 낭만에 죽은 왕이 실제로 있었다. 디즈니성의 모델로 더 잘 알려진 노이슈반슈타인성Schloss Neuschwanstein을 지은 바이에른의 루트비히 2세Ludwig II(재위 1864~1886)가 바로 그 인물이다. 어린 시절부터 중세풍의 동화와 바그

너의 오페라에 경도되었던 그는 19세의 나이에 왕위에 오른 후 본격적인 '덕질'을 시작했다. 다만 지나치게 몰입하여 본업인 정치를 멀리하고, 국고를 탕진할 만큼 건축에 몰두한 게 문제였다. 그는 1886년 정신이상 판정을 받고 강제로 퇴위되었는데, 며칠 후 호수에서 익사체로 발견되었다. 노이슈반슈타인성 근처에는 루트비히 2세가 지은 린더호프성Schloss Linderhof이 있는데, 정원에 있는 비너스의 동굴Venusgrotte을 오로나로 왕자가 보았다면 정말 부러워했을 것 같다. 성의 정원 자체는 흔한 바로크 양식이지만, 이 동굴은 정말 여러 가지 의미로 입이 떡 벌어진다. 이 인공 동굴은 바그너의 오페라 〈탄호이저Tannhäuser〉에 나오는 장소를 상상하여 만들었고, 잘 길들여진 자연은 왕이 바라는 모든 요소의 배경으로 얌전히 자리 잡았다.

인형 속을 채웠던 감상적인 책들이 딸들에게 해가 되니 불태워버려야 한다고 하는 안드라손 왕이 지극히 현실적인 인물이라면, 그 대척점에는 낭만 소녀 라우라와 "영원한 꿈을 떠도는" 오로나로 왕자, '동화왕fairy-tale King' 루트비히가 있다. 안드라손 왕처럼 현실에 단단히 발을 디디고 있는 게 중요하다는 건 아는데, 가끔은 뒤꿈치를 살짝 들고 낯선 세계를 꿈꾸며 숨 쉴 틈을 만들면 안 될까. 그게 우리가 언젠가의 이상향이 아니라 지금 여기에다 정원을 만드는 이유이기도 하니 말이다.

호아킨 소로야 Joaquin Sorolla, 〈정원에서의 낮잠 Siesta in the Garden〉(1904)

여름이었다

에벌린 워, 《다시 찾은 브라이즈헤드》

아무 말이나 써놓고 끝에 '여름이었다'만 붙이면 그럴싸해진다는 말이 트위터(현 X)에서 유행하더니, 몇 번 의미가 굴절되어 청춘의 눈부신 한순간을 수식하게 되었다. 최애가 올린 관련 트윗을 탐닉하다 정신 차리고 이 중의적 여름과 정원을 연결 지어 생각해본다. 끊임없는 시간의 변화를 모두 담는 곳이 정원이라지만, 영국의 소설가 에벌린 워Evelyn Waugh의 《다시 찾은 브라이즈헤드Brideshead Revisited》(1945) 속 정원만큼 이 여름에 어울리는 곳이 또 있을까.

소설은 제2차 세계대전 중 영국, 모든 것에 열정을 잃기 시작한 39세의 찰스 라이더 중대장이 20년 만에 브라이즈헤드 저택을 보면서 시작된다. 논리적으로 설명할 수는 없으나 무언가가 끝났음을 직감하는 순간이 있다. 허방다리를 짚어 휘청하다, 낯선 이의 익숙한 말투에 가슴 한편이 서늘해져서, 고속도로 인터체인지 루프를 돌다가 눈을 찌르는 햇빛에. 이해할 수 없어 괴로웠지만 억지로 흘려보냈던 일이 또렷해지고, 그다음 바로 바스러진다. 깨닫하며 비로소 온전히 이별하는 그 순간이 찰스에게도 왔다. 그것도 하루에 두 번이나. 첫 번째는 잠에서 깨어 침상에 누워 있던 이른 아침, 아내에 대한 사랑이 조용히 내면에서 죽은 것을 발견하고 소스라치게 놀랐을 때, 그리고 두 번째는 부대가 숙영하는 장소의 이름을 들었을 때다. 그 순간 모든 소리가 사라지고, 그 이름을 듣는 것만으로도 "그 매료되었던 세월의 환영들"이 날아오른다. 부하가 이런 데를 본 적이 없을 것이라고 하자 찰스는 자신이 예전에 이곳에 있었다고 한다. 그는 그곳에 있었다. 그곳을 다 알았다. 그곳은 브라이즈헤드, 찰스의 아르카디아였다.

찰스가 회상하는 20년 전은 양차 세계대전 사이, 다시는 이런 전쟁이 없으리라 생각했던 1920년대의 영국이다. 막 옥스퍼드 대학에 입학한 중산층 출신의 찰스는 우연한 기회에 귀족 가문의 서배스천에게 매혹당하고 친구가 된다. 소년에서 성인이 되는 시기, 이들이 함께 보낸 이 찬란한 시간은 유년기의 마지막 여름이었다. 이들은 명문대에 입학한 전도유망한 젊은이였지만 그 뒤에는 채워지지 못한 결핍이라는 공통점이 있다. 찰스의 유년기는 외로웠고, 전쟁은 궁핍함과 어머니의 죽음이라는 그림자를 드리웠다. 서배스천은 좀 더 복잡한데, 그에게 브라이즈헤드는 우리 집이 아니고 "우리 가족들이 사는 곳"이다. 그는 유서 깊은 집안의 가톨릭적 질서에 반항하지만, 이를 벗어나고자 기원하는 방식조차 기도일 정도로 종교에 얽매여 있는 인물이다. 서배스천에게는 스치기만 해도 얼룩점을 남기고 사랑, 예술, 모든 것을 죽이는 강력한 마름병 같은 매력이 있지만, 이는 누구보다도 자신을 파괴한다. 그리고 보모에 대한 애착과 어디에든 끼고 다니는 커다란 곰 인형은 그가 여전히 어린 시절을 벗어나지 못하고 있음을 암시한다.

이들의 우정은 "어딘가에 존재하며 어떤 창문으로도 엿보이는 일 없이 단절된 마법의 정원으로 펼쳐지는" 담장의 낮은 문을 찾아내고자 했던 찰스가 서배스천과 함께 담쟁이덩굴을 보러 학교 식물원에 가는 날 시작되었다(텔레비전 시리즈물에서 이 순간 찰스는 사랑에 빠진 이의 미소를 짓는다). 그리고 6월의 구름 한 점 없는 날, 메도스위트 꽃이 흐드러지고 여름의 온갖 향기로 공기가 묵직할 때, 찰스는 브라이즈헤드를 처음 방문한다. 이후 여러 번 이곳을 찾았지만, 찰스의 마음에는 이날의 모습이 각인되었다.

브라이즈헤드는 웅장한 바로크 양식의 저택과 전형적인 방대한 풍경화식 정원으로 묘사된다. "1대가 집을 지으면 2세가 돔을 올리고 3세가 부속 건물을 확장하고 댐을 짓던" 시기는 지났지만 다양한 시대와 지역을 아우르는 저택 내부의 장식은 "그 자체로 미학 교육"일 정도로 풍요롭다. 테라스에서 내려다보이는 정원에는 호수가 여럿 있고, 별관 너머로는 과수원이, 그 뒤로는 나무가 우거진 산비탈이 이어진다. 장려한 정원은 화단과 회양목 토피어리로 장식되었고, 조각상과 이탈리아에서 가져온 분수가 인상적이다. 저자가 모델로 삼은 장소는 알려져 있지 않으나, 드라마와 영화는 모두 영국 요크York에 있는 캐슬 하워드Castle Howard를 배경으로 한다. 찰스는 브라이즈헤드 저택에서 아름다움을 새로 발견하고, 이는 그의 예술적 충동을 일깨운다.

찰스는 방학 중 발을 조금 다친 서배스천을 보러 왔다 아예 브라이즈헤드에서 여름을 보내게 된다. 그림을 그리고, 와인을 마시고, 정원을 산책하고, 과일을 따 먹고, 옛 육아실에서 뒹굴고, 주랑의 햇볕 드는 자리에 벌러덩 누워 노는 여름은 그가 몰랐던 "행복한 유년기"라는 마법을 보여주었다. 찰스는 이 시기의 브라이즈헤드를 아르카디아로 묘사한다. 서구 문화에 등장하는 여러 낙원 중 아르카디아는 고대 그리스의 목가적 낙원을 상징한다. 근심 걱정 없는 낙원 같은 브라이즈헤드의 정원에서 이 둘의 우정은 플라토닉한 사랑(이 역시 고대 그리스의 개념이다)으로 나아가는 듯하다. 하지만 가톨릭적 질서가 지배하는 브라이즈헤드에서 이는 대죄에 속한다. 노골적으로 드러나지는 않으나 소설의 부제인 '찰스 라이더 중대장의 성스럽고도 불경스러운 기억'이 이를 암시한다. 찰스가 꿈꾸던 낙원 정원으로 가는 문이 성경의 '좁은 문'이 아니라《이상한 나라의 앨리스》를 떠올리게 하는 '낮은 문'이었다는 점도 의미심장하다.

여름방학 동안 "지연된 사춘기"를 보낸 뒤 둘의 관계는 미묘하게 변화한다. 서배스천의 곰 인형은 점차 뒤로 밀려나지만, 그는 성장하지 못하고 술에 빠져든다. 브라이즈헤드의 실질적인 주인인 마치멘 부인은 찰스를 포섭하여 서배스천을 자기가 원하는 대로 바꾸고자 하지만 실패한다. 서배스천이 다시 술을 마시고, 또 찰스가 이에 필요한 돈을 알면서도 주었다는 것을 알자 그녀는 크게 분개한다. 브라이즈헤드 저택을 쫓겨나듯 떠나며 찰스는 "자신의 일부를 등지고 떠난다는", "이후에 어디를 가든 그 부재를 느끼고, 가망 없이 찾아 헤매리라는" 것을 직감한다. 담장의 낮은 문은 닫혔고, 마법의 정원은 다시 찾을 수 없으리라. 여름은 끝났다.

하지만 그렇게 "칼 같은 이별"은 인생에 별로 없고, 그 이후에도 찰스는 여러 가지 일로 브라이즈헤드 저택의 사람들과 교류하게 된다. 서배스천의 여동생 줄리아와 재혼할 뻔했으나, 그는 서배스천의 일부로서의, 아니 브라이즈헤드의 일부로서의 줄리아를 원했다. 소설 제목의 '다시 찾은revisited'에 함축되어 있듯 찰스는 브라이즈헤드의 방문자, 외부인일 뿐 아무리 노력해도 일원이 될 수 없다. 찰스는 브라이즈헤드로 대표되는 영국의 영광스러운 과거를 동경했고, '해가 지지 않는 나라'의 해가 저물던 시기에 사라져가는 고저택과 시골집을 그리는 건축화가가 되었다. 하지만 19세의 여름에 브라이즈헤드 저택을 그릴 때의 열정과 영감은 사라졌고, 이제 그는 경매인보다 고작 몇 걸음 앞서 저택의 영정을 그릴 뿐이다. 그의 성공은 "오아시스가 말라붙자 신기루에서 목을 축이고자 하는" 사람들 덕분이다. 현실에 지친 그는 멕시코와 중앙아메리카의 황무지를 누비며 한때 서배스천이 간구하던 "마음속의 푸른 물결과 바스락대는 야자수" 같은 생명력을 찾으려 하나 이 또한 신기루다.

워는 참전 중 부상으로 휴가를 보내던 중 "지금이 아니면 영영 쓸 수 없는" 소설을 집필하고자 했다. 파괴와 궁핍, 죽음과 불안이 지배하던 시기에 그는 웅장한 바로크 양식의 저택과 그만큼 견고해 보였던 영국 상류층의 사회 질서, 섬세한 음식과 와인, 예술과 세련된 대화에 대한 추억을 쏟아내듯 담아냈다. 그가 회고한 것은 찰스와 서배스천뿐 아니라 '대영제국'의 여름이었다. 서배스천은 "나중에 늙고 못생기고 처참할 때 다시 와서 파내보고 기억하고 싶은" 장소를 만들고 싶어 했으나, 소설 중 이를 회상하는 찰스의 모습은 역자의 말처럼 환상을 보려 마지막 성냥을 켜는 성냥팔이 소녀를 떠올리게 한다.

문득 의아해진다. 왜 가보지 못한 정원, 살아본 적 없는 시대, 인종과 종교, 젠더, 사회적 계층 등등 모든 면에서 공통점이라고는 찾아볼 수 없는 이야기에 나뿐 아니라 이토록 많은 사람들이 노스탤지어를 느끼는 걸까? 브라이즈헤드의 정원이라는 곳이 유년기의 순수함과 천진난만(한 잔인함), 활력, 욕망과 갈등, 사랑과 이해, 희망, 환상, 젊음이 찬연히 빛나는 현대의 낙원이기 때문일까. 아니면 가을 또는 겨울바람을 맞으며, 여름인지도 몰랐던 돌아갈 수 없는 그때 그곳을 그리워하는 것일까.

사랑보다 아름다운
유혹의 정원

도미니크 비방 드농, 《내일은 없다》

"혁명 이전의 18세기에 살지 않은 이는 누구도 인생의 달콤함을 알지 못하고, 그곳에 삶의 행복이 있을 수 있음을 상상하지 못한다."

― 샤를 모리스 드 탈레랑 페리고르, 《탈레랑의 고백록》 중

루브르 박물관의 입구 중 가장 유명한 유리 피라미드를 통해 로비 층으로 내려가면 세 개의 전시동이 보인다. 동쪽에는 쉴리, 북쪽에는 리슐리외, 남쪽에는 드농. 앙리 4세의 재상 쉴리와 루이 13세의 재상 리슐리외의 이름은 들어본 것 같다. 사실 이 둘은 프랑스의 옛 화폐인 프랑에 등장할 정도로 프랑스사에서 중요한 인물이기도 하니 이들의 이

름이 붙은 것은 이해할 만하다. 그런데 드농은 누구지? 〈모나리자〉같은 루브르를 대표하는 작품들이 있어 가장 붐비는 동棟에 이름이 붙을 정도면 꽤나 저명할 텐데. 도미니크 비방 드농 남작Dominique Vivant, Baron Denon(1747~1825)은 루이 15세와 16세 시대의 외교관, 작가, 예술가, 그리고 루브르 박물관의 전신인 나폴레옹 박물관의 초대 관장이다. 드농은 나폴레옹의 해외 원정을 수행하며 수많은 예술품을 '수집'(이라고 쓰고 약탈이라고 읽는다)했고, 이는 루브르의 수많은 소장품이 되었다. 프랑스의 입장에서는 큰 공적을 쌓았고, 초대 관장이니 그만한 영예를 부여할 만하겠다. 이런 설명만 보면 굉장히 영민하고 다재다능한 지식인의 모습이 그려진다. 맞다. 그리고 드농은 '야설 작가 겸 판화가'이기도 했다.

18세기 프랑스는 계몽주의의 시대로 알려져 있지만, 또 한편으로는 성적 방종의 시대였다. 루이 14세 말기는 매우 엄숙하며 종교적이었는데, 그의 사후 긴장을 풀려는 듯 사교계의 분위기는 크게 바뀌었다. 귀족들은 베르사유를 떠나 파리의 저택hôtel이나 교외의 '작은 집petite maison'에서 파티를 즐겼다. 필리프 도를레앙 공의 섭정기부터 루이 15세, 루이 16세 시대의 예술인 로코코는 이 시대의 분위기를 잘 담고 있다. 로코코 회화의 주제를 '페트 갈랑트fêtes galantes(우아한 연회)'라고 하는데 이는 목가적인 풍경을 배경으로 우아하게 노니는, 그리고 귀족적인 연애 장면을 주로 담는다. 그러하기에 실제 주제는 한 세기 뒤 보들레르가 말한 '사치와 평온과 쾌락'이다. 이들은 바토의 〈키테라섬의 순례〉(1717)의 인물들처럼 굉장히 예의 바르고 관습을 크게 벗어나지 않는 연애를 하기도 하지만, 프라고나르의 〈그네〉(1767)에서 암시되는 성적으로 방종한 관계를 맺기도 한다. 그리고 드농의 소설은 후자 쪽이다.

18세기 프랑스에서는 기존의 도덕률을 넘어 자유분방하게 쾌락을 추구하는 풍속을 다룬 문학이 등장했는데, 이를 리베르탱 소설roman libertin이라고 한다. 여러 번 영화로도 개작되어 널리 알려진 라클로Pierre Choderlos de Laclos의 《위험한 관계Les Liaisons dangereuses》(1782)나 인터넷 서점에서 도서 검색을 할 때도 성인 인증을 받아야 하는 사드 후작Donatien Alphonse François, Marquis de Sade의 《소돔 120일 혹은 방탕주의 학교Les Cent Vingt Journées de Sodome》(1785년 집필) 같은 작품들이 대표적인 리베르탱 소설이다. 드농의 《내일은 없다Point de lendemain》는 이에 앞서 1777년, M. D. G. O. D. R.이라는 이름으로 출간되었다. 이것이 '드농 씨,

왕의 시종Monsieur Denon, Gentilhomme Ordinaire du Roi'의 약어임이 이후 밝혀졌는데, 법복 귀족에다 궁정에서의 직함이 있는 처지에 귀족 사회의 치부를 드러내는 내용의 소설을 당당히 내놓기는 곤란했을 것이다. 1779년에도 익명으로 출간되었고, 이후 다른 작가의 이름으로 여러 번 출간되다가 1866년에야 드농의 작품임이 밝혀졌다.

이런 화려한 소개가 무색하게 줄거리는 단순하다. 스무 살의 기사인 '나'는 어느 날 저녁 오페라 극장에서 한 부인을 만난다. 그녀는 '나'를 정부로 둔 모 백작부인의 친구인데, 이름이나 작위는 알 수 없다. 그저 T 부인으로만 등장한다. 어리둥절한 일들이 진행되더니 오페라 공연의 1막이 끝났을 때 기사는 그녀와 함께 극장을 나와 마차를 타고 파리를 벗어난다. 말을 두 번이나 교체하며 맹렬히 달린 마차는 어느 성의 현관 앞에 멈추고, T 부인의 남편이 이들을 맞이한다. 셋은 어색한 분위기 속에서 함께 식사를 하고, 남편은 양해를 구하고 먼저 자리를 뜬다.

이제 T 부인과 기사의 밤, '내일은 없는' 하룻밤이다. 정원 산책길에서의 가벼운 스킨십은 점차 농밀해져 입맞춤, 정자에서의 포옹과 정사, 성의 밀실에서의 정사로 이어진다. 다음 날 새벽 성안에서 길을 잃은 기사는 정원으로 되돌아가고 그곳에서 이제 막 성에 도착한 후작(T 부인의 진짜 정부)과 마주친다. 그는 기사에게 인사를 건네고 지난밤 사건의 연유를 알려준다. T 부인의 남편은 후작이 아내의 정부라고 의심하고 있고, T 부인은 그를 속이기 위해 기사를 이용한 것이다. 하룻밤 동안의 가짜 정부 역할에 지친 기사는 후작이 제공한 마차를 타고 다시 파리로 돌아간다.

 기사는 이 하룻밤의 유희가 어느 성에서 일어났다고 하지만, 실제로는 파리 외곽의 '폴리folie' 혹은 '작은 집'이었을 것이다. 오늘날 같은 상업적 환대 시설이 발달하지 않았던 시대에 귀족들은 별장인 '작은 집'에서 친교, 혹은 성적인 일탈을 즐겼다. 베르사유에 있는 마리 앙투아네트의 프티 트리아농Petit Trianon도 일종의 '작은 집'이라고 할 수 있다. '작은 집'에는 '즐거움의 집maison de plaisance'이라 불리는 건물과 정원이 있고, 휴식을 위한 곳이기에 실용성보다는 쾌적함과 편안함이 더 중요했으며, 무엇보다도 사치스럽고 장식적이었다. 정원 또한 베르사유로 대표되는 엄격한 정형식 정원을 벗어나 보다 '자연스러운' 영국풍의 픽처레스크 정원 양식으로 전환되었다. 복잡하고 남의 이목을 늘 신경 써야 하는 파리를 벗어나 자유로운 '시골'에 있는 것 같은 기분을 느끼는 게 중요했기 때문이다.

《내일은 없다》의 무대가 되는 '작은 집'도 센강이 내려다보이는 전망 좋은 장소에 지어졌다. 성은 산자락에 위치하고, 그 앞으로는 비탈을 따라 계단식으로 여러 단으로 만든 정원이 센 강둑까지 이어진다. 중간중간에 잔디 벤치가 있고, 산책로 끝에는 정자가 있다. 구불대며 흐르는 강에는 전원적이고 픽처레스크한 작은 섬이 있어 풍경은 더욱 다양해지고, 이 아름다운 장소는 더욱 매력을 발한다. 밤은 아름다웠고, 사물들은 상상력을 더욱 자극하려는 듯 흐릿하게 보인다. 정원은 3막으로 된 T 부인의 유혹극에 훌륭한 조력자가 된다.

1막. 기사와 T 부인은 이야기를 나누며 정원을 산책한다. 나무가 빽빽하게 심긴 곳을 걷다 보니 자연스럽게 친밀한 분위기가 생기고, 어느새 팔짱을 끼고 서로의 몸에 팔을 두른다. 이들은 잔디로 뒤덮인 벤치에 나란히 앉아 이야기를 나눈다. 한 번의 입맞춤은 다른 입맞춤을 불러오고 그 간격은 점점 빨라진다. 그러다 그녀는 돌연 밤공기가 좋지 않다면서 성으로 되돌아가자고 한다.

2막. T 부인은 정숙한 척, 충동적인 행동을 후회하는 듯한 태도와 발언을 하지만 이 또한 유혹의 기교다. 이들은 성으로 돌아가던 걸음을 돌려 다시 정원을 거닌다. 산책로 끝에는 아름답고, 외부에서 잘 보이지 않는 정자가 있는데, 안타깝게도 열쇠가 없다. 하지만 가까이 가보니 마침 정자는 열려 있다. 이제 정자는 가장 감미로운 순간의 증인이자 사랑의 성소가 된다. 이들은 정자 구석에 놓인 소파로 넘어지듯 주저앉고, 사랑을 나눈다. 주변에는 정자의 벽을 에워싸며 흐르는 강의 물결 소리만 들리는데, 이는 이 둘의 심장박동 소리와 일치한다. 여름밤의 상상 속에서 강 속의 섬은 마법의 장소처럼 보이고, 자연 속에는 행복한 연인만이 있다. 어떤 연인도 프시케와 큐피드에 비길 만한 이들보다 행복하지는 않으리라.

3막. 끊임없이 욕망에 불을 붙이기에 이제 정자는 위험한 장소가 되었다. 이들은 다시 정원을 산책하고, 아까의 잔디 벤치에서 이야기를 나누다 정자보다 더 매력적인 방 cabinet이 있다는 성으로 들어간다. 호기심이 가득한 기사는 이제 T 부인보다 저 방을 더 욕망한다. 이들은 불 꺼진 계단과 어두운 복도의 미로를 지나 부인의 거처에 도착했고, 하녀들의 방에 있는 비밀의 문을 통해 좁고 어두운 복도로 나와 비밀의 방으로 간다. 이곳에 들어선 기사는 말문이 막힐 정도로 경탄한다. 여기는 정교한 솜씨로 그려진 사물들과 꽃과 나무, 은은한 간접 조명, 달콤하게 타오르는 향, 화관을 들고 있는 큐피드 조각상, 사원이 있는 작은 숲이다. 숲의 맞은편에는 어두운 동굴이 있는데, 이곳이 유혹의 최종 목적지다. 바닥에는 잔디를 본뜬 푹신한 양탄자가 깔려 있고, 덮개가 드리워진 침대에는 쿠션이 쌓여 있고, 동굴의 벽은 온통 거울로 뒤덮여 있다. 거울이 이들의 모습을 온갖 각도에서 비추어, 수많은 행복한 연인들이 그들을 둘러싸는 듯하다. 이 반영이 끊임없이 욕망을 다시 만드는 이곳에서 이들은 새벽까지 정사를 나눈다. 그리고 다음 날 아침 모든 것은 꿈처럼 사라졌다. 기사는 성을 떠나는 마차 속에서 이 모든 모험의 교훈을 찾아보려 하지만, 전혀 찾아내지 못한다.

이 3막으로 된 T 부인의 유혹극은 공적인 공간(파리의 오페라 극장)에서 시작해 가장 내밀한 공간인 동굴로 향한다. 공간은 점점 좁아지고, 쾌락은 점차 농밀해지지만 기사는 마지막까지 이를 깨닫지 못한다. 그리고 사실 이런 '작은 집'은 이런 목적으로, 유혹을 위해 설계되었고, 정원 또한 야외 공간이지만 나무와 강 등으로 여러 겹으로 둘러싸여 있어 연인들을 아늑하게 지켜주는 닫힌 공간이다. '작은 집'의 정원은 사랑의 정원, 유혹의 무대다.

당시의 다른 리베르탱 문학 작품에서 유혹의 무대가 되

는 '작은 집'은 대개 남성 리베르탱이 소유하고, 그가 마침내 순진한 여성을 타락시키는 과정이 줄거리를 이룬다. 하지만 《내일은 없다》의 경우는 T 부인이 공간을, 그리고 상황을 주도한다는 점이 흥미롭다. 기사는 T 부인의 화술과 기교에 계속 농락당하지만, 자신이 당하고 있다는 것도 눈치채지 못할 정도로 어리고 순진하다. 화자인 기사는 백작부인의 연인이다. 그녀 또한 리베르틴(리베르탱의 여성형)인데, 자신의 친구이기도 한 T 부인의 연인인 후작도 그녀의 유혹에 넘어갔다. T 부인은 이에 대한 복수로 백작부인의 연인인 기사를 유혹하여 정복한 것이다. 거기에다 후작이 그녀의 정부라고 의심하고 있는 남편도 속일 수 있었다. 오늘날의 일부일처제적 관점으로 보면 후작이든 기사든 정부가 있는 건데 무슨 차이가 있나 싶기도 하지만, 당시 귀족들에게는 결혼과 연애가 별개의 문제였으니까. 후작에게는 기사를 유혹하는 일이 그저 남편을 속이기 위한 것이라고 했지만, "당신은 나를 즐겁게 하고 무료함을 달래주어야지, 훈계를 늘어놓으면 안 된다"라고 기사에게 말하는 T 부인은 기사와의 관계에서 쾌락을 얻는 일에 주저함이 없다. 우리는 마지막까지 그녀가 어떤 사람인지, 이름은 무엇이고 어떤 작위의 귀족인지, 심지어는 외모가 어떠한지도 알 수 없다. 하지만 그녀는 《위험한 관계》의 메르테유 후작 부인과 달리 마지막까지 유혹의 '게임'을 이끌고, 즐기고, 그리고 이긴다. 그녀에게 사랑은 중요하지 않고, 사랑이라 부르는 것도 유희를 위한 서사에 불과하다. 그리하여 "T 부인은 품위를 전혀 잃지 않고 우리 모두를 가지고 놀았다".

이 '작은 집'들은 어떻게 되었을까? 프랑스대혁명 시기를 거치며 대다수가 파괴되었다. 그리고 살아남은 '작은 집'들도 세월을 이기지 못하고 황폐해지거나, 19세기 말 파리의 도시 정비 과정에서 사라졌다. 에밀 졸라의 소설 《쟁탈전》의 마지막 부분에는 파리가 확장되면서 예전에는 '교외'였던 부분이 파리에 통합되는 상황이 묘사되어 있다. 이때 개발업자 무리 중 한 사람이 철거 중인 '작은 집'을 알아보고 일행에게 설명한다. 그곳에는 꽃이 핀 라일락이 큰 숲을 이루고, 모형 폭포와 작은 정자, 동굴이 있고, 벽에 생생한 풍경이 그려진 정원 안쪽의 집은 그리스 사원 같았다. 사람들이 흔적을 더듬으며 백일몽을 꾸기 시작하자 일행 중 누군가가 말한다. "찾아봐야 헛수고입니다. 그 부인들은 여기에 이제 없습니다."

에티엔 알레그랭 Étienne Allegrain, 〈북쪽 파르테르를 배경으로 하는 루이 14세의 산책 Promenade de Louis XIV en vue du Parterre du Nord〉(1688)

왕의 산책을 따라가기

루이 14세, 《베르사유 정원을 보여주는 법》

 여행을 가는 이유는 많지만, 나는 책을 읽으러 간다. 꼭 여행을 가야 책을 읽을 수 있냐, 여행 가서까지 책을 읽냐는 핀잔도 듣지만 책에 묘사된 바로 그 장소에서 하는 '현장 독서'*를 한번 해보시라. 단연코 최고다(여행 가는 중 책 읽기도 좋아하는데, 특히 일행과 따로 앉은 장거리 비행은 읽기와 쓰기에 최적화된 환경을 제공한다). 해당 장소에 가서 그곳과 관련된 글이 담긴 페이지를 펼친다. 텍스트가 깨어나고 주변의 소음까지도 달리 들린다. 단순히 정보를 확인하는 수준이라 할지라도 괜찮다. 공감각적으로 한 장소, 한 작품을

* 《서재 결혼 시키기》(앤 패디먼 저, 정영목 역, 지호, 2002)에 나온 표현이다.

읽고 나면 책도, 나도 이전과는 조금 달라지니까. 트위터에서 본 표현을 빌리자면 "세상을 보는 해상도가 올라간다".

정원 답사를 할 때도 현장 독서를 통해 그 시절 사람들의 뜻을 좇아보려 했는데 아직 만족스러웠던 적이 없다. 읽을거리가 마땅찮거나, 상황이 여의치 않거나, 아니면 내 능력이 못 미치거나 하는 등의 이유다. 《데카메론》의 배경이 되었다는 빌라 팔미에리는 개인 방문이 어려웠고, 옴스테드가 도시 공원에 대한 비전을 얻은 버컨헤드 공원에서는 허겁지겁 논문 자료 수집하기 바빴다. 좀 더 편한 마음으로 찾은 교토에서는 무소 소세키夢窓疎石의 《몽중문답夢中問答》을 읽고 사이호지西芳寺의 이끼 사이를 거닐었지만 과문한 탓에 선불교의 깨달음을 얻지 못했다. 강세황의 〈호가유금원기扈駕遊禁苑記〉를 공부하고 그가 말한 동선을 스마트폰 메모장에 담아 창덕궁에 갔지만, 이번에는 해설사를 따라 정해진 코스를 조금 빠르다 싶게 다녀야 했기에 그가 감탄해 마지않았던 후원의 풍취를 제대로 느낄 수 없었다.

베르사유에서도 현장 독서를 기획, 아니 시도해보았다. 연수 중일 때라 종일 있어도 일정에 쫓기지 않고, 혼자 가니 동반자의 눈치를 볼 일도 없었다. 당대의 기록이 워낙 많아 현장에서 읽을거리를 고르는 것부터 큰일이었다. 루이 14세가 베르사유의 궁과 정원을 조성하고, 이를 통해 절대왕정 체제를 강화하려 했음은 잘 알려져 있다. 성의 2층 중심에 위치한 왕의 방에서 시작하여 무한을 향해 나아가는 중심축, 그리고 태양 빛처럼 정원 곳곳으로 쭉 뻗어나가는 알레allée(정원 내의 소로)는 강력한 왕권을 시각화한다. 어딜 가도 태양신 아폴론의 조각상, 아니면 아폴론과 루이 14세를 결합하여 만든 태양왕 루이 14세의 이미지를 사람들에게 각인시키는 도상이 가득하다. 이 복잡하고 방대한 권력의 극장을 이해하는 일은 당시에도 어려웠는지 여러 인물들이 정원을 거니는 법에 대한 기록을 남겼다.

　전제군주의 행보는 일거수일투족 모두 주시의 대상이 되고, 그(녀) 또한 이를 통치 수단에 활용했다. 그들에게는 정원 산책이라는 여가 활동도 중요한 정치적 활동이었다. 언제 누구와 어느 정원에 갔는지가 중요하다. 정원에서는 보는 눈, 듣는 귀가 많은 궁정에서 할 수 없는 이야기가 오갔고, 밀회를 하기도 했다. 이 활동의 무대가 되는 정원, 특히 르네상스와 바로크 시대의 정형식 정원의 공간을 시각적으로 통제하는 축을 통해 권력을 드러내는 '정치적 풍경'은 익히 알려져 있다. 그런데 루이 14세는 이런 공간 통제로는 성에 안 찼는지 베르사유 정원 산책 경로를 안내하는 안내서를 직접 집필했다.

《베르사유 정원을 보여주는 법Manière de montrer le jardin de Versailles》이라는 제목으로 알려진 이 책은 제목은 거창하지만 실제로는 몇 페이지짜리 문서다. 베르사유궁 기념품 상점에서 파는 책도 도판을 많이 넣고 여백이 많은 디자인인데도 50여 쪽에 불과하다. 하지만 조원가나 정원을 방문한 이의 기록이 아니라 정원의 주인인 왕이 작성한 정원 안내서로는 (내가 아는 바로는 지금까지) 유일무이하다. 또 한 번도 아니고 여섯 번이나 수정을 거듭할 정도로 루이 14세가 관심을 기울였다는 사실도 흥미롭다.

첫 안내서는 명예혁명 이후 프랑스로 망명한 영국의 왕 제임스 2세의 왕비가 베르사유를 방문했을 때 작성되었다. 1689년 7월 19일 오후 6시라는 날짜가 기입되어 있고, 성 주변의 북쪽 정원으로 동선이 한정되어 있다. 하루 저녁 행사용으로 만든 것 같은 첫 번째 안내서가 마음에 들었는지 루이 14세는 1705년까지 이를 고치고 또 고쳤다. 여섯 개의 판본 중 두 번째부터 다섯 번째까지는 내용과 형식이 거의 비슷하고, 번호를 붙인 문단의 수, 혹은 트리아농과 동물원에 대한 언급 유무에서만 차이가 있다. 그리고 제목도 다른 마지막 판본은 베르사유 정원에서 유명한 곳을 나열

한 정도다.

　안내서에 소개된 동선을 추려보면 일단 성을 나와 현관으로 간다. 계단 위에서 눈앞에 보이는 연못의 파르테르 parterres(장식 화단)와 분수를 잠시 감상한다. 이어 중심축에 위치한 라토나 분수를 본 다음 방향을 바꾸어 스핑크스, 오랑주리, 미로, 무도회장 등을 다니며 정원의 남쪽 부분을 돌고, 이어 극장, 늪지, 용의 수반, 넵튠의 분수, 개선문 총림, 피라미드 등이 있는 정원의 북쪽 부분을 본다. 동물원과 트리아농을 보려면 정원의 남쪽 부분을 본 후 북쪽으로 가지 말고 운하에서 배를 타고 다녀온다. 그런 다음 다시 돌아와 북쪽 부분을 마저 본다.

　문장은 간결하고, 각 문단마다 번호를 붙였고, 설명 없이 지시만 한다. 베르사유 정원 도면을 옆에 두고 하나하나 확인해가며 봐야 겨우 따라가려나. 게다가 사이사이 공간을 건너뛰다 보니 작성자의 의중을 파악해 따르는 게 쉽지 않다. 그런데 가만히 보면 여기에는 그가 평생 정교하게 발전시킨 태양왕 신화와 관련된 내용은 하나도 없다. 베르사유 정원 곳곳을 채우던 300개가 넘는 조각상 중 겨우 몇 개만, 그것도 지점을 표시하기 위한 장치 정도로 언급된 점도 의아하다. 그가 이 안내서를 통해 말하고자 했던 것은 무엇이었을까. 느슨한 안내서와 대비되는 촘촘한 공간에서 당시 사람들은 어떻게 정원을 이용했을지 더 알고 싶다. 어찌 되었든 베르사유에 물이 충분하지 않던 시절에는 왕의 동선을 파악해 분수를 순차적으로 가동시켜야 했으니 이 안내서가 유용했을 것 같다.

루이 14세의 안내서와 함께한 베르사유 현장 독서는 결국 중간에 포기했다. 정원의 구성이 바뀐 곳도 있고, 미로나 동물원처럼 아예 사라진 곳도 있다. 그가 말한 장소에서 언급된 정원 요소들이 제대로 보이지 않을 때도 있었다. 무엇보다도 수년간의 답사로 걷기에는 자신 있는데도 상당히 힘이 들었다. 산책을 위한 안내서라지만 수많은 정지 지점의 연속이라, 잠시 멈춰 지시를 따라 둘러보고, 사진을 찍고, 다음 지점으로 서둘러 이동하게 된다. 그의 취향과 시선을 따른 설명은 이미 베르사유를 속속들이 아는 사람들에게나 유용하지, 처음 이곳을 찾은 이들에게는 별 도움이 못 될 것 같다. 느긋한 산책을 기대했지만 이날도 결국 전투적인 답사로 끝났다. 평상시라면 베르사유 정원보다 더 좋아하는 왕의 채소밭Potager du Roi을 돌아보고, 부속 상점에서 파는 유기농 채소나 과일도 조금 사 갔을 텐데 이날은 포기했다. 파리로 돌아가는 RER(고속교외철도)에서 기념품점에서 (또) 산 최신판《베르사유 정원을 보여주는 법》을 보니 최단 경로로 가도 8킬로미터가 넘게 걸어야 한다고 한다. 그리고 당시 50대였던 루이 14세는 시종들이 끄는 바퀴 달린 의자에 앉아 정원을 산책했다.

정원에도
윤리가 있다면

마틴 에이미스, 《존 오브 인러레스트》

"Hier ist kein warum(이곳에 이유 같은 건 없다)."

— 아우슈비츠의 한 군인이 프리모 레비에게 한 말*

대학원 정원 이론 수업에 미학적 논의가 빠질 수 없다. 보통 한 주는 정원이 (대문자 A로 시작한다고 하는) 예술Art일지, 미학의 대상이 될 수 있을지를, 그다음 주는 우리는 어떤 정원을 아름답다고 하는지, 이 아름다움이란 무엇인지를 다룬다. 이렇게 심오해 보이는 학문의 대상으로서의 정원은 아름답고 그래서 좋은 곳, 대개 어떤 시기, 어떤 곳에

* 프리모 레비, 《이것이 인간인가》, 돌베개, 2007.

서 최고로 좋은 곳이다. 그러다 보니 '나쁜 정원'이라고 하면 아름답지 않거나 관리가 제대로 되지 않은 곳을 가리킨다. 처음부터 추하게 만드는 정원은 없고, 더 이상 아름답지 않은 정원은 미적 평가의 대상이 아니다.

그런데 정원에 선악이라는 윤리적 잣대를 댈 수 있을까? 오스카 와일드의 우화 《저만 알던 거인》 속 거인처럼 담장을 쌓고 이웃의 출입을 막은 정원은 악한가? 특정 식물에 알레르기가 있는 이웃을 괴롭히기 위해 일부러 그 식물을 심은 정원은? 유독 식물을 키우는 정원은? 몰래 훔쳐 온 식물을 키우는 정원은? 노예를 부려 만든 정원은? 윤리적으로 옳지 않지만 멋지고 아름다운 정원은 좋은 정원일까, 나쁜 정원일까? 그렇다면 정원, 그리고 그 안에 있는 식물도 같이 비난받아야 할까? 하지만 정원이나 식물 자체에는 선악이 없다. 정원이 우리에게 주는 즐거움과 행복, 고통과 슬픔, 선과 악, 다양한 깨달음은 우리가 갖다 붙인 것이다. 그러니 미학과 윤리가 교차하는 지점에서 상황적 맥락을 보아야 하며 이 모두가 지극히 인간 중심적임을 인식하자고 하며 수업을 마무리한다.

그러면서도 정원은 의당 아름답고 그렇기에 진실되고 선하다는 고대 그리스의 철학자들이 했을 법한 생각을 은 연중 했고, '악의 정원'은 좀 진부한 은유라고 생각했다. 지난여름 영화 〈존 오브 인터레스트Zone of Interest〉를 보기 전까지는. 훌륭한 작품이지만 두 번 볼 엄두는 나지 않기에 동명의 원작 소설을 찾아 읽고, 자료를 찾아보았다. 이 정도로 화제가 된 작품인데 왜 번역이 안 될까 했는데 인물 간의 심리 묘사가 중심이 된 원작 소설은 영화와 좀 달랐고, 각색된 영화가 역사적 사실에 더 가깝다.

《존 오브 인터레스트》(2014)는 유대인 대학살과 동의어로 쓰일 정도로 악명 높은 아우슈비츠 수용소의 소장 루돌프 회스Rudolf Höss(소설에서는 파울 돌Paul Doll이라는 이름으로 등장한다)와 그 가족의 생활을 중심으로 전개된다. 일단 들어오면 나가는 길은 굴뚝밖에 없다는 곳에서도 누군가는 가족과 함께하는 일상을 살았다. 그것도 아주 잘. 소설에서 '오렌지 빌라'로 불리는 회스 소장의 사택은 수용소 바로 옆에 있다. 정확히 말하면 수용소와 그들의 작은 낙원은 담장을 공유한다. 영화에는 홀로코스트가 직접적으로 등장하지는 않으나, 일견 평온해 보이는 회스 가족의 삶에 스며든 연기와 재, 비명과 절규, 간헐적인 총소리가 오히려 보는 이들을 점점 불안하게 만든다.

루돌프 회스의 아내 헤트비히(소설에서는 한나 돌Hannah

Doll)는 3년 전만 하더라도 허허벌판이던 아우슈비츠의 사택을 살뜰하게 가꾸었고, 다양한 꽃이 만발한 화원과 풍요로운 채소밭, 가제보gazebo, 온실과 언제든 아이들이 놀 수 있는 모래 놀이터와 미끄럼틀, 풀장까지 갖춘 정원은 그녀의 자랑이다. 기하학적으로 배치된 정원은 완벽한 질서 아래 통제되고, 헤트비히는 정원 안에 있는 모든 식물의 주인이다. 영화에서 헤트비히는 아직 신생아인 막내에게 정원을 보여주며 장미, 패랭이, 달리아의 이름을 알려주고, 이곳을 방문한 친정 어머니에게도 정원 곳곳을 소개하며 자랑스럽게 뽐낸다. 포도, 철쭉, 채소, 허브, 로즈메리, 비트, 회향, 해바라기, 콜라비, 양배추, 케일, 깍지콩, 피망, 감자, 향기로운 보리수, 양봉장…. 아이들을 위해 개는 물론이거니와 말과 망아지, 거북이, 족제비, 고양이, 도마뱀, 그리고 무언가 새롭고 진기한 것들(물론 수용소로 끌려온 유대인들의 것이었다)이 늘 마당에 있었다. 프리모 레비의 증언에 따르면 황량한 아우슈비츠 수용소에는 교수대가 있는 곳에만 정성스레 다듬어놓은 풀밭이 있었다는데, 여름 햇살 아래 눈부시게 빛나는 이 "아우슈비츠의 여왕"의 정원은 헤트비히의 어머니가 말한 것처럼 '낙원'이었을까?

헤트비히는 담장 너머에서 벌어지는 일에는 관심이 없

(는 척하)고, 오히려 포도나무를 잔뜩 심어 담장을 가린다. 그렇다고 그녀가 정신적으로 문제가 있는 사람은 아니다. 오히려 소녀 시절부터 꿈꾸었던 보금자리를 마련하고 아이도 다섯 명이나 낳아 기르는, 당시 히틀러가 역설한 모범적인 삶을 사는 사람이다. 전쟁이 끝나면 함께 농사를 짓자고 남편과 약속하는 영화 속 장면에서는 어처구니 없을 정도로 소박하고 평범해 보인다. 루돌프 또한 수용소에서의 업무를 마치고 돌아와 피가 묻은 부츠 바닥을 씻은 뒤 다정한 아버지의 모습으로 돌아온다. 실제로 회스 가족은 일요일마다 정원을 함께 가꾸었고, 아이들은 정원사로 일하던 유대인 수감자를 특히 좋아했다고 한다. 심지어 루돌프 회스는 패전 이후에 정원사로 위장해 몸을 숨겼다. 영화에서 그는 건전한 수용소 미관을 위해 사택에 심은 라일락 가지를 꺾어 가는 것을 금지한다. 성실하고 근면하게 대학살의 임무를 수행한 이와 여기에서 나오는 편의를 누린 이가 어쩌면 정직하고 선량한 농민 부부로 살 수도 있었다는 게, 그 범상함이 무섭다.

회스는 아우슈비츠가 처음에는 대규모의 실험실과 식물 육종 농장, 양어장, 가축 육종장을 갖춘 농업실험기지로 구상되었다고 회고했다. 충분한 노동력을 활용해 강 주변의 습지와 범람원을 생산적으로 만든다는, 독일 본토에서

할 수 없던 실험을 하는 것이다. 건강한 대가족과 함께 부지런히 일하는 자립농장, 아이들을 위한 훌륭한 고향을 만드는 것을 인생의 목적으로 삼았던 회스와 같은 이에게 아우슈비츠는 큰 기회처럼 보였으리라. 이러한 땅에 대한 사랑이 '피와 흙Blut und Boden'이라는 파시즘의 구호로 변질되는 데에는 긴 시간이 필요치 않았다. 영화와 소설의 제목 '존 오브 인터레스트'는 독일어 'das Interessengebiet'를 영어로 옮긴 것인데 SS가 징발한 아우슈비츠 수용소 주변 40미터의 지역을 뜻한다. 이곳은 처음에는 농업 실험실로, 이어 합성고무 공장으로, 그다음에는 유대인 절멸로 '이익 das Interesse'을 얻는 '구역Gebiet'이 되었다.

회스 가족의 풍족한 삶은 헤아릴 수 없이 많은 죽음에서 나온 것이다. 담장 너머 굴뚝에서는 검은 연기가 피어오르고, 비명과 같은 기차 소리가 들리지만 담장 안 정원에서는 파티가 한창이다. 상관의 부인에게 정원에서 키운 꽃을 선물하는 일도 중요하다. 루돌프는 일터에서는 효율적으로 시체를 처리하는 순환 소각 시설을 논의하고, 집에서는 아이들에게 잠자리 동화로《헨젤과 그레텔》중 마녀를 화덕에 산 채로 굽는 부분을 읽어준다. 헤트비히는 모피 코트와 화장품 같은 사치품을 몰래 빼돌리고, 집에서 일하는 하녀들도 수용소에서 나온 유대인들의 옷가지를 챙기기 바쁘다. 이러한 기이한 병치 속에서 단란한 부르주아 가족의 삶은 어떠한 공포 영화보다도 섬뜩하다. 회스 부인에게 유대인들은 정원 속 잡초와 같이 거추장스러울 뿐이고, 심지어는 수용소에서 나온 재를 정원의 비료로 쓰기까지 한다. 헤트비히의 아름다운 정원은 에덴이 아니라 문자 그대로 골고타, 즉 '해골 터'다.

 모두가 보고 있지만, 또 아무도 보고 있지 않다. 실제와 소설, 영화 속의 아우슈비츠와 그곳의 정원은 각각의 방식으로 '악의 평범성'을 드러낸다. 이 혐오와 증오의 집단은 기분 전환을 위해 수용자들에게 총을 난사하던 영화 〈쉰들러 리스트〉의 장교와 같은 '미친놈'이 아니라 이름과 얼굴, 삶과 꿈이 있는 평범한 사람들이었다. 그리고 이들은 자신만의 낙원 정원을 가꾸었다. 아무리 정원과 조성자, 만들어진 과정의 윤리적 문제는 상황적 맥락을 통해 보아야 한다고 하지만 이 정원만큼은 영영 넘어설 수 없을 것 같다. 소설의 마지막 부분에서 한나(헤트비히)는 이 시절을 회고하며 "그 장소에서 무언가 좋은 것이 나온다면 얼마나 역겨울지 상상해보세요. 그곳에서요"라고 한다. 이 정원을 설명할 새로운 언어가 필요한데 나는 아직 이를 찾지 못했다.

후고 심베리 Hugo Simberg,
〈죽음의 정원 The Garden of Death〉(1896)

앎으로 삶을 풍요롭게

가이우스 플리니우스 세쿤두스, 《자연사》

    아는 것이 힘이다. 압축적 근대화 시기 대한민국에서 교육을 받은 이라면 모두 들어봤을 격언이다. 앎을 통해 무지함을 벗어나고 미지의 영역을 정복해나가고자 하는 계몽은 근대의 특징 중 하나이고, 진보의 토대를 이룬다. 하지만 17세기 초 프랜시스 베이컨Francis Bacon이 이 말을 하기 전에도 여러 이가 지식의 확장과 축적을 통해 세상을 통제하고자 했다. 우선 아리스토텔레스가 《동물지Historia Animalium》에서 수백 종에 이르는 동물과 물고기의 생리와 내외부 기관, 생태 등을 기록했고, 다른 이들이 그의 길을 따랐다. 그러면 세상의 모든 정원에 대한 책도 있었을까? 안타깝게도 없거나 아직 못 찾은 것 같다. 복잡한 세상을 벗어나 한가로이 정원을 가꾸는 삶을 예찬하는 고전 문학이 내 관심사지만 좀 더 실용적인 문헌들도 봐야 한다. 집을 짓고 거기에 딸린 정원을 만들거나 농장을 경영하는 방법에 대한 안내서도 있고, 식물의 형태와 쓰임과 관련된 글도 있다. 그중 가이우스 플리니우스 세쿤두스Gaius Plinius Secundus Major의 《자연사Historia Naturalis》는 가장 유명하고, 고대 로마 정원 연구에서 늘 언급되는 문헌이다.

《자연사》라는 책이 낯설지라도 플리니우스라는 이름은 어디선가 들어본 듯하다. 폼페이와 헤르쿨라네움이 베수비오의 화산재에 파묻히던 때 화산의 분화를 조사하다 목숨을 잃은 것으로 잘 알려진 이, 그 사람 맞다. 하지만 이런 극적인 사망 사건으로 그의 일생과 업적을 축약하면 안 될 것 같다. 그렇지만 막상 찾아보면 명성에 비해 생애에 대해 알려진 것은 별로 없다. 당대의 위인들을 기록한 플루타르코스의 《영웅전》에도 플리니우스에 대한 글은 없고, 《자연사》의 구절 혹은 그의 조카이자 양자인 소 플리니우스가 쓴 서한의 구절 등을 통해 그의 삶을 유추해볼 수 있을 뿐이다. 고증이 잘되어 있는 야마자키 마리의 만화 《플리니우스》 출간이 반가웠는데, 안타깝게도 전체 12권 중 5권까지만 번역이 되다 말았다.

플리니우스는 로마 제국의 다양한 곳에서 복무하며 로마 제국의 권력을 창출하는 데 필요한 군사와 재정 같은 실용적인 지식뿐 아니라 식물학, 철학, 수사학, 법학을 비롯한 다양한 분야를 연구하며 지적 호기심을 충족시키는 정보를 습득했다. 이동할 때는 물론이거니와 심지어 욕실에서도 읽고 쓰기를 멈추지 않았다는 이 일중독자는 《자연사》외에도 역사서와 레토릭 교육서, 언어학 관련서, 군사 전술서, 전기 등 102권에 달하는 다양한 책을 집필했다는데 우리에게는 《자연사》만 전해진다. 그가 좀 유별나기는 했지만, 당시 로마의 기사 계급 지식인 중에는 플리니우스처럼 실용적인 전문 지식, 가령 농업이나 재정, 군사와 관련된 전문서를 집필하는 이가 꽤 있었다. 이들은 이러한 책들이 자신이 맡은 공직에 도움이 된다고 생각했고, 플리니우스 또한 티투스 황제에게 헌정한 《자연사》 서문에서 자신이 낮에는 공무에 충실하고 집필은 퇴근 후 밤에만 한다며 공직자로서의 사명감을 부각한다.

《자연사》는 《박물지》라는 다른 번역 제목이 암시하듯 우주부터 곤충에 이르는 다양한 분야를 아우르는 백과사전과 같은 책이다. 원제의 라틴어 *Naturalis*는 '자연에 대한' 혹은 '자연이 내놓은 것의'라는 뜻이고, *historia*에는

'역사', '연대기'라는 뜻뿐 아니라 '서술', '해석'이라는 의미도 있다. 즉 플리니우스의 《자연사》는 자연사自然史이기도 하지만 그가 서문에서 말한 바와 같이 "자연에 대한 해설의 책" 즉 자연사自然辭이기도 하다. 표절의 개념이 없던 시절, 플리니우스는 《자연사》를 집필하기 위해 백 명의 저자가 쓴 책에서 2만 편의 주목할 만한 항목을 수집했다고 하는데 실제로는 더 많고 문헌뿐 아니라 자신이 경험했거나 전해 들은 정보와 사건도 기록했다. 그러다 보니 처음에는 굉장히 두서없어 보이지만, 때로는 J. K. 롤링의 《신비한 동물 사전》에나 나옴 직한 기상천외한 항목에 관심을 뺏기기도 한다. 그래도 목차를 옆에 두고 인내심을 갖고 읽다 보면 나름의 질서를 발견할 수 있다.

고대 로마 정원에 대한 문헌에서 《자연사》는 항상 당대의 중요한 기록으로 언급된다. 하지만 이를 상세하게 설명하지는 않는다. 호기심을 이기지 못하고 연구를 시작했으나 남들이 안 한 데는 다 이유가 있었다. 제대로 속았다 싶은 게 아무리 봐도 '정원'에 대한 설명이 없다. 호화로운 빌라 별장 정원에 대한 정보는 조카인 소 플리니우스의 기록을 봐야 한다. 《자연사》에 나타난 정원을 연구하겠다고 나랏돈까지 받았는데 비상이다. 사이가 안 좋긴 했어도 동시대 사람인 네로 황제의 유명한 황금의 집, 도무스 아우레아 Domus Aurea의 호화로운 정원에 대한 기록이라도 남겼다면 참 고마웠을 텐데. 남들은 어떻게 연구했는지를 다시 들여다보니 거의 식물 이야기다. 총 37권 중 무려 16권이 식물, 특히 쓸모가 있는 식물에 대한 이야기다. 여기에서 농업과 원예와 관련된 내용을 추려 어떻게든 정원 이야기로 이끌어가야 한다.

플리니우스가《자연사》를 쓰며 염두에 둔 정원은 어떤 곳이었을까. 일단 우리가 생각하는 아름다움과 즐거움, 혹은 휴식을 위한 곳은 아니었던 것 같다. 플리니우스는 나무를 다듬어 모양을 내는 토피어리가 그의 시대에 고안되었고, 회양목이 토피어리 재료로 인기 있었다고 말한다. 하지만 이 이상의 이야기는 하지 않아《자연사》를 통해 로마 시대의 정원 장식이 어떤 모습이었을지 상상하기 어렵다. 정원을 어떻게 생각하는지, 아니 자기 정원 자랑이라도 한두 마디 해주면 좋았으련만. 실용적인 쓰임에 더 관심이 많았던 플리니우스에게 정원은 쓸모 있고 유용한 작물을 심고 가꾸는 곳이었다. 그가 살던 시대에 정원, 라틴어로 호르투스hortus는 대개 주택에 딸려 푸성귀 따위를 기르는 텃밭 정원이었는데, 이는 도시 내에서의 자급자족에 필수적이었다. 호르투스와 경작cultura이 결합된 원예horticulture라는 단어에 이 의미가 남아 있다.

《자연사》중 식물 부분은 이국적인 식물과 수생식물로 독자들의 호기심을 자극한 후 포도와 올리브나무 등의 유용한 수목을 다룬다. 이어 상록수를 소개하고, 과일나무와 식재법을 논한다. 그다음으로는 농장 경영을 논한 뒤 정원의 형태에 대한 설명 없이 곧바로 농장에서 키우는 작물, 아마나 다양한 채소(양배추, 상추, 양파, 콩, 아스파라거스, 오이, 근채류 등)와 같은 실용적인 식물들을 한참 소개한다. 식민지를 정복한 장군들이 전리품으로 체리나 복숭아, 살구, 피스타치오 등을 가져온 일화도 있다. 후반부에 이르러서야 비로소 꽃을 소개하는데 이것도 관상보다는 제단을 장식하기 위한 것이고, 그다음에는 염료로 활용되는 식물과 약용 식물, 새로 전파된 질병에 대한 이야기가 나온다. 후대의 본격적인 정원 이론서가 정원이란 어떤 곳이고, 어디에 정원을 만들어야 하고, 어떻게 설계해야 하는지를 먼저 다루고 나서 식물의 종류와 식재 및 관리 방법 등을 설명하는 것과 비교하면《자연사》는 거대한 메모 뭉치처럼 보이기도 한다. 하지만 플리니우스의 시대에는 책의 구성 방식이 오늘날과 달랐고《자연사》는 고대의 문헌 중 최초로 목차가 있는, 즉 구조를 가시적으로 드러낸 서적이라는 점을 잊지 말자.

《자연사》는 흥미롭지만 솔직히 읽기 즐거운 책은 아니다. 부모님의 회고에 따르면《동아원색세계대백과사전》을 소설책처럼 읽는 '별난 애'였고, 지금도 로션을 바를 때 얼굴을 보는 게 아니라 화장품 통에 인쇄된 성분표를 무심결에 읽는 활자중독자인 나에게도《자연사》는 버거운 책이다. 플리니우스 자신도 서문에서 자기 글이 "재미없다"라고 하는데,《자연사》가 이런저런 수사법을 활용한 미문이 아니고 다양한 정보를 모은 책이기 때문이다. 중간중간 자연을 예찬하고, 고전을 인용하고, 이런저런 의견을 제시하지만 그렇다고 책이 재미있어지는 것은 아니다. 논문을 써야 하는 상황이 아니라면 한 권 한 권 중고로 구입해 책꽂이에 쪼로록 모셔둔 열 권의 하버드 로엡본을 흐뭇하게 완상하고 있을 텐데.

정원을 말하지 않는 책으로 어떻게 정원을 이야기해야 할까. 무언가를 의도적인 게 아닐까 싶을 정도로 말하지 않은 까닭은 무엇일까. 중요하지 않아서라기엔《자연사》에는 정원 식물에 대한 이야기가 굉장히 많다. 그러면 당대 로마인들에게는 정원이 어떤 곳인지가 너무나 자명하여 굳이 설명할 필요가 없었던 것일까. 그럴 수도 있고, 아닐 수도 있다. 고대 로마인들에게 정원은 무엇보다도 실용적인 공간이었고, 플리니우스 또한 미 추구나 진리의 탐색보다 그가 수집한 지식이 얼마나 유용한지에 더 관심이 있었다. 하지만 정원은 언제나 당대의 이상과 세계관을 담는 곳이기도 하다. 플리니우스는 제국의 확장을 통해 수많은 자원이 로마로 유입되었고 이것이 로마인들의 앎과 삶을 모두 풍요롭게 했다는 점을 반복적으로 강조하며 로마 제국의 지배 질서를 옹호한다. 플리니우스에게 정원은 로마 제국의 확장과 번영, 지식과 힘, 즉 로마 제국을 함축한 공간이자 개념이었을 것이다.

4. 생태의 정원

얀 브뤼헐Jan Brueghel the Elder, 페테르 파울 루벤스Peter Paul Rubens, 〈인간의 타락과 에덴동산The Garden of Eden with the Fall of Man〉(1615)

인류 최초의 환경파괴범

《길가메시 서사시》

　기후 변화를 넘어 기후 위기이고, 이 변화를 돌이킬 수 없게 되는 지점이 머지않았다는 불안한 예측마저 낯설지 않게 들려온다. 무엇을 해야 하는가에 대한 고민과 함께, 어디서부터 잘못된 건지 다시 차근차근 살펴보자. 계속 거슬러 올라가다 보니 인류사의 입구 부분에서 길가메시Gilgamesh를 만나게 된다.

　길가메시는 고대 수메르의 전설적인, 하지만 실존했던 왕이다(역사가들에 따르면 그는 우루크 제1왕조의 다섯 번째 통치자다). 전설과 역사 사이를 넘나드는 그의 행적은 오랫동안 노래로 전해졌고, 이를 점토판에 설형문자로 새긴 것이 인류 최초의 문학 작품인 《길가메시 서사시The Epic of Gilgamesh》

다. 이는 2700~2800년 전에 쓰였다는 호메로스의 서사시보다도 적어도 1500여 년 앞서 쓰였고, 이후의 신화와 문학, 전설의 원형으로 평가받는다. 길가메시는 3분의 2는 어머니처럼 신이지만, 3분의 1은 아버지처럼 인간이다. 좀 의아한 비율이지만 인간보다는 신에 조금 더 가깝다는 의미일 것이다. 그렇지만 완전한 신이 아니기에 그 또한 인간의 숙명인 죽음을 피할 수 없다. 이를 넘어서고자 고투했으나 실패한 인류 최초의 '히어로'로서의 그의 행적은 수없이 노래되었다. 하지만 생태적 관점으로 보면 길가메시는 최초의 환경파괴범이니 인류 최초의 '빌런'일지도 모른다.

    길가메시는 강력하고, 거대하고, 현명하고, 고귀하나 또 소란스럽고, 거만하며, 충동적인 젊은 폭군이다. 어느 날 그는 당시 장례 관습에 따라 성벽 너머 강으로 시체를 띄워 보내는 풍경을 보았고, 난생처음으로 두려운 생각이 든다. 모든 것을 다 가졌어도, 죽으면 모든 것이 갈대처럼 부러져 사라지는 것이다. 이에 죽음 후에도 남는 것, 즉 명성에 대한 욕구가 생긴다.

    그는 불멸의 명성을 얻고자 삼나무 산의 나무를 베어 오겠다고 선언한다. 고작 나무 몇 그루 가지고 이러나 싶기도 하지만, 당시 메소포타미아에서 나무는 그 정도로 귀한 자원이었다. 매일 먹는 빵을 굽는 데도 나무가 필요하고, 대대손손 살아갈 도시를 짓는 벽돌을 굽는 데도 나무가 필요하다. 신전이나 궁을 짓는 데 쓰는 큰 나무는 아주 귀하고 가지고 오는 것도 큰일이다. 그러니 큰 재목을 구해 오는 것은 그 자체로 하나의 모험이자 업적이 된다. 게다가 큰 나무가 자라는 숲은 신들의 영역이기에, 이곳의 나무를 자른다는 말만으로도 우루크 사람들은 두려움에 떤다.

길가메시가 가고자 하는 삼나무 산은 신들 중에서도 가장 강력한 신, 신들의 지배자인 엔릴의 영토다. 엔릴은 삼목이 우거진 거대한 숲을 보호하기 위해 후와와(훔바바)를 숲에 두고 일곱 개의 후광을 부여했다. 후와와가 외치는 소리는 거대한 홍수이고, 그의 입은 불덩이인 데다가, 그의 숨은 바로 죽음이니 숲에 들어가는 이는 누구를 막론하고 병으로 쓰러진다.

사실 우루크뿐 아니라 서구 문명은 오랫동안 숲 자체를 두려워했다. 근대 이전까지 숲은 어둡고, 울퉁불퉁하며, 예측할 수 없는, 통제를 벗어난 구역이었다. 그곳에 사는 생명은 짐승이든 인간이든 마을 혹은 도시의 질서를 따라 모여 사는 '우리'와 다르다. '야만적인, 흉포한'이라는 뜻의 영어 단어 새비지savage가 '숲'이라는 뜻의 라틴어 실바silva에서 유래했음을 떠올리면 쉽게 이해가 될 것이다. 후와와는 숲에 살기에 신의 대리자이든 아니든 처단해야 할 사악한 괴물인 것이다.

　길가메시와 그의 친구 엔키두, 그리고 잘 언급되지 않지만 우투 신이 내린 일곱 전사와 우르크의 미혼 남자 50명은 도끼와 칼, 활과 화살로 무장하고 일곱 산을 넘고, 마침내 녹음이 우거진 산에 다다른다. 잠시 숲의 규모에 압도되었지만, 곧 정복을 시작한다. 길가메시는 나무를 베고, 엔키두는 가지를 치고, 남자들은 목재를 쌓아 올리니 손발이 잘 맞는다. 이 소음에 잠이 깬 후와와는 이들을 막으려 하지만 고투 끝에 지고 만다. 심지어 목숨만 살려주면 길가메시의 명을 따라 나무를 베어주겠다고 애걸하지만 이들은 후와와의 목을 베고 시신을 잔인하게 유린한다. 삼나무 산이 흔들릴 정도로 커다란 후와와의 비명은 사라지고, 길가메시가 지나간 자리에는 나무뿌리조차 남지 않는다. 이들이 잘라낸 나무들은 유프라테스 강물을 따라 길가메시의 도시 니푸르로 옮겨진다. 일전에 길가메시가 성벽 안에서 보았던 시신들처럼 말이다.

　후와와의 죽음과 삼나무 숲의 파괴를 알게 된 수메르 최고의 신 엔릴은 분노한다. 길가메시는 필요에 의해서가 아니라 단지 불멸의 이름을 남기기 위해 성스러운 숲을 파괴한 것이다. 그리스 비극이었다면 이제 길가메시는 곱게 고향으로 돌아가지 못하고 갖은 고초를 겪고, 일가는 풍비박산이 되고, 우정은 깨지고, 심지어 나라도 멸망하고, 그 또한 자신의 운명을 저주하며 파멸할 것이다. 그런데 길가메시는 신의 저주가 무색하리만큼 126년의 통치 기간 내내 땅이란 땅은 모두 여행하고, 도시를 세우고, 수많은 업적을 세우며 잘 먹고 잘살았고, 마침내 그가 꿈꾸던 불멸의 명성까지 얻었다. 모진 놈 옆에 있다가 벼락 맞는다더니 공범 엔키두만 열이틀 동안 앓다가 죽는다.

"그대들이 먹을 양식을 불이 먹을지어다. 그대들이 마실 물을 불이 삼킬지어다"라는 엔릴의 저주는 길가메시가 아니라 그의 먼 후손 대에 이루어졌다. 하지만 이 또한 따지고 보면 자업자득이다. 길가메시 이후 수많은 이들이 성스러운 힘을 잃은 삼나무 산의 나무를 베었을 테고, 이로 인한 자연환경의 파괴가 '비옥한 초승달' 지역에서 시작된 메소포타미아 문명이 쇠락한 요인 중 하나일 것이다.

길가메시와 엔키두가 후와와의 시신을 신들 앞에 놓았을 때, 엔릴이 꺼낸 첫마디는 "왜 이런 일을 했는가?"였다. 지구의 자원으로 젠가 게임을 하고 있는 오늘날 우리를 보고도 그는 같은 질문을 하지 않을까.

도토리 100개를
매일 심는 마음

장 지오노, 《나무를 심은 사람》

 코로나19 팬데믹을 지나며 세상은 바뀌었고 아무래도 예전으로 돌아가지는 못할 것 같으니 '뉴 노멀'을 받아들이자고 한다. 어두운 전망을 내놓거나 기술의 발전을 신뢰하는 목소리가 크지만, 한쪽에서는 조용히 자연의 생명력을 바라본다. 인간이 발걸음을 끊자 다시 살아나는 환경이 전 세계적으로 화제가 되고, 자연을 가꾸어 소생시킨 이들의 일화가 새로운 영웅담으로 등장한다. 이때 자주 등장하는 수식어가 '현실판 나무를 심은 사람'인데, 그 원작이 되는 《나무를 심은 사람 L'homme qui plantait des arbres》(1953)에서는 어떤 일이 있었을까.
 《나무를 심은 사람》은 프랑스의 작가 장 지오노 Jean

Giono의 단편소설로, 많은 사람들이 한 번쯤은 들어보았을 현대의 고전 중 하나다. 줄거리는 단순하다. 제1차 세계대전 직전 프랑스 남부 프로방스의 고산지대를 여행하던 화자가 홀로 묵묵히 도토리를 심는 목자를 만났고, 그의 평생에 걸친 작업을 통해 숲이 만들어지고 다시 삶터가 소생하게 되었다는 회고담이다. 정독을 해도, 애니메이션 전체를 봐도 30분 남짓밖에 안 걸리는 이 작품이 이토록 오래도록 널리 회자되는 이유를 생각해본다.

제1차 세계대전이 발발하기 1년 전인 1913년, 20대의 '나'는 고산지대를 도보로 여행한다. 마을에는 물이 말라붙었고, "낡은 말벌집" 같은 버려진 마을에 먹이를 앞에 둔 "짐승들"처럼 으르렁대는 바람이 분다. 이런 곳을 몇 시간이나 홀로 걷다 양치기를 만나 목을 축이고, 그의 오두막에서 하룻밤을 머문다. 근처 숲에는 숯쟁이들이 살지만 거친 환경 속에서 심신이 모두 황폐해진 이들이다. 이기심과 욕심, 좌절과 불만, 경쟁과 정신병이 이들의 삶을 요약한다. 이들과 달리 양치기는 삶을 홀로, 하지만 평온하고 절도 있게 꾸려나간다.

양치기는 밤마다 도토리 자루를 가지고 와 씨알 굵고 금 간 데도 없는, 상태가 완벽한 도토리를 100개 고른다.

다음 날 이를 물통에 담그고 양 떼를 몰고 나간다. 초지에 이르면 양 떼를 개에게 맡겨두고 그는 산등성이에 도토리를 심는다. 그 땅이 사유지인지, 공유지인지는 문제가 아니다. 그저 날마다 도토리 100개를 정성스럽게 심는 게 중요하다.

그의 이름은 엘제아르 부피에Elzéard Bouffier, 쉰다섯 살의 양치기다. 예전에는 평야 지대에서 가족과 함께 농장을 꾸렸지만, 아들과 아내를 연달아 잃었다. 그 후 그는 고독 속으로 물러났지만 이번에는 땅의 죽음을 목격한다. 그는 이것이 "나무가 없기 때문"이라고 생각했고, 이를 바꾸기 위해 3년 전부터 나무를 심어왔다. 여태껏 심은 도토리 10만 개 중 2만 그루에만 싹이 트고, 그중 절반가량이 들짐승이나 여러 이유로 죽었어도 예전에는 아무것도 없던 곳에 떡갈나무 1만 그루가 자라게 된다. 아직 젊었던 화자는 미래를 헤아릴 수 없었고, 그저 지금까지 심어온 도토리의 수만 셈하여 30년 후면 떡갈나무 1만 그루가 멋질 것이라고 한다. 하지만 부피에는 신이 30년 후까지 자신을 살아 있게 해준다면 그동안 더 많은 나무를 심을 것이기에 지금까지 심은 나무는 바다의 물 한 방울 같을 것이라고 한다. 그리고 이미 너도밤나무와 자작나무를 심을 준비도 하고 있었다.

화자는 여행을 이어가고, 이 만남을 곧 잊었다. 하지만 이듬해 발발한 제1차 세계대전은 그의 삶을 바꾼다. 전장에서 보낸 5년은 그를 피폐하게 만들었고, "조금이라도 맑은 공기를 마시고 싶다는 강한 욕망"에 이끌려 예전의 황무지를 찾는다. 부피에는 여전하고, 차이가 있다면 묘목을 해치는 양 대신 벌을 치는 정도다. 그리고 예전과 다름없이 계속 나무를 심는다. 예전에 심은 떡갈나무들은 이제 왕성하게 자라 숲을 이루었고, 화자가 전장에 있을 무렵 골짜기에 심은 자작나무도 훌륭하게 자랐다.

가장 큰 변화는 자연과 함께 이루어냈다. 숲이 생기자 물이 돌아오고, 거친 바람도 씨앗을 품은 미풍으로 바뀐다. 이어 "버드나무와 갈대가, 풀밭과 기름진 땅이, 꽃들이, 그리고 삶의 이유 같은 것들이 되돌아왔다". 지의류가 나타나고, 풀이 자라고, 관목에 이어 나무들이 자라 숲을 이루는 전형적인 천이 과정으로 설명하기에는 애매한 구석이 없지 않지만, 자연 고유의 치유력은 어디서나 기회만 있으면 나타나기 마련이다. 그리고 무엇보다도 부피에의 돌봄이 있었다. 이 광경을 보고 화자는 "인간이란 파괴가 아닌 다른 분야에서는 신처럼 유능할 수 있다는 생각"을 하게 되고 매년 다시 그를 찾아간다.

그는 부피에가 "실의에 빠지거나 자신이 하는 일에 의심을 품는 것을" 본 적이 없었다. 가족을 잃고 황무지에 은거하는 철저한 고독도, 한 해 내내 심은 단풍나무가 모두 죽어버리는 좌절도 그의 몫이다. 우리는 그의 심연을 모른다. 하지만 그는 성내거나 포기하지 않고 다음에는 좀 더 잘 자라는 나무를 심어나갈 뿐이다. 이는 가족에 이어 땅이 생명을 다하는 장면을 목도한 그가 본능적으로 내민 살림의 손길이고, 그러면서 그 또한 치유되었을 것이다. 나아가 부피에의 돌봄은 절대적 환대로도 볼 수 있다. 몸 둘 곳을 마련해주고, 모든 것을 있는 그대로 포용하며, 무엇보다 보답을 요구하지 않는 무조건적인 환대는 이상적이기까지 하다. 부피에는 자연을 이렇게 환대했고, 또 자연은 그와 사람들에게 이런 환대를 돌려주었다. 부피에는 고독하게 살다 보니 말년에는 말하는 습관을 잃어버리기까지 했다는데, 사실은 이미 자연의 일부가 되었기에 말할 필요를 느끼지 못했던 것이 아닐까.

그가 만든 변화를 모르는 이들은 이 살아남을 그저 "땅이 자연스럽게 부리는 변덕"으로 치부한다. 심지어 산림감시원은 이 '천연' 숲에서는 집 밖에서 불을 피우면 안 된다고 부피에에게 경고하고, 정부 대표단조차도 이곳을 절로 자라난 곳으로 본다. 숲은 제2차 세계대전 때 잠시 위기를 맞았지만 다행히 채산성이 맞지 않아 보존되었다. 그리고 부피에는 두 번째 세계대전에도 마음을 쓰지 않고 계속 나무를 심어나갔다. 화자가 부피에를 마지막으로 찾은 1945년 6월에는 모든 것이 변해 있었다. "메마르고 거친 바람" 대신 "향긋한 냄새를 실은 부드러운 바람"이 불고, 물 흐르는 소리가 들린다. 겨우 세 명이 원시인에 가까운 삶을 살던 마을은 번성하여 사람들이 살고 싶어 하는 마을이 되었다. 그 이후 8년이 지난 뒤에는 1만 명이 넘는 사람들이 사는 공동체가 생겼다.

이 모든 변화가 한 목자가, 위대한 혼과 고결한 인격을 지닌 이가 평생에 걸쳐 이루어낸 것이다. 세상이 에릭 홉스봄의 말을 빌리면 "파국의 시대"를 지나는 동안, 그는 그저 꾸준히 나무를 심고 또 심었다. 그렇지만 사람들은 그의 손길을 느끼지 못했고, 그 또한 이를 바라고 한 일이 아니다. "온갖 이기주의에서 벗어나 있고, 그 행동을 이끌어나가는 생각이 더없이 고결하며, 어떤 보상도 바라지 않고, 그런데도 이 세상에 뚜렷한 흔적을 남긴" 엘제아르 부피에는 1947년 요양원에서 평화롭게 눈을 감았다.

소설 도입부 화자와 비슷한 나이에 처음 이 소설을 접

했을 때는 큰 감흥을 받지 못했다. 불문과 수업 중 프랑스어 동사의 시제 변화와 관련한 텍스트로 처음 접했기에, 내용보다는 문법에 더 집중했던 탓도 있다(프랑스어의 과거 시제는 다섯 가지나 된다). 무엇보다도 그때는 누군가를 위해 미래를 준비하는 일이 내 일이라는 생각을 하지 않았다. 받은 것보다 더 많은 것을 땅에 돌려주고, 한 발짝 앞에서 우리를 기다리는 "더 좋은 것, 더 멋진 것"을 가꾸는 정원사의 마음은 천천히 자라는데,* 세상은 그럴 시간이 없다고 한다. 애써 심은 나무가 더 이상 자랄 수 없을지도 모르는 기후 재난, 지구 가열화를 지나 지구 비등화沸騰化, boiling로 접어든 시대에 부피에와 그의 후예들을 떠올려본다. 그들이, 아니 우리가 영화〈매드 맥스: 분노의 도로Mad Max: Fury Road〉속 '씨 지킴이Seed Keeper'처럼 싹 틔울 땅을 찾아 떠돌지 않기만을 바란다.

* 카렐 차페크 글, 요제프 차페크 그림, 배경린 역,《정원가의 열두 달》, 펜연필독약, 2019.

일어나세요, 비 공주님

테오도어 슈토름, 〈레겐트루데〉

비가 오지 않는다. 물을 아껴 쓰라는 권고를 넘어 제한급수까지 언급된다. 마음까지 바싹바싹 마르는 기분. 또 어딘가에는 비가 너무 내린다. 기후 재난 시대의 일상. 차페크는 《정원가의 열두 달》에서 신에게 비를 청하는 기도를 올리며 아주 상세하게, 마치 식물원의 미세 분사처럼 식물에게 스트레스를 주지 않으면서 부드럽게 땅을 적시는 비를 요청했다. 이런 섬세한 비가 아니어도 좋으니 부디 단비가 왔으면. 문득 국민학생 시절 학급문고에서 읽은 동화 〈비 공주〉가 떠올랐다. 그녀가 잠이 들었나.

그 시절 엄마가 월부로 사들인 계몽사 전집을 비롯한 많은 동화책이 일본에서 만든 동화책을 중역한 것이거나 디즈니화된 것이었다. 어떤 이야기는 어린이 버전으로 상당히 각색되기도 했다. 해피 엔딩으로 기억한〈노틀담의 꼽추〉와 달리 위고의《파리의 노트르담》은 장중한 비극이고, 많은 왕자가 나쁜 놈들이고, 많은 마녀들은 억울했다. 여자아이들은 늑대에게 잡아먹히고, 사과를 먹다 죽(을 뻔하)고, 물레에 찔려 잠이 들고, 부모의 농작물 절도 때문에 머리카락도 못 자르고 탑에 갇혀 자랐다. 그러다 왕자님 혹은 구원자가 나타나 위기를 해소하고, 결혼하고, 영원히 행복하게 살았다고 한다. 이런 수동적이고 고분고분한 여자아이들과 달리〈비 공주〉의 마렌은 자기가 원하는 바를 스스로 성취해낸다. 그것이 사랑하는 이와의 결혼이라는 한계가 있기는 하지만 말이다. 삽화가 환상적이었던〈비 공주〉동화책을 중고책 서점에서 다시 구하지는 못했지만, 검색을 통해 이 이야기가 테오도어 슈토름Theodor Storm의〈레겐트루데Die Regentrude〉(1864)를 각색한 것이라는 사실을 알게 되었고 이번에는 원작을 읽었다.

어떤 동화 속 주인공은 고난을 겪는다. 이는 대개 금기를 거슬러 초자연적 존재의 분노를 샀거나, 마녀의 저주를 받았거나, 부모의 실책에서 비롯한다. 그런데〈레겐트루데〉에서는 이상기후가 발단이 된다. 지난 몇 년간 가뭄이 계속되었다. 마을에서 초록빛은 거의 볼 수 없고, 가축과 들짐승들은 들판에 누워 고통스럽게 죽어간다. 오늘날 뉴스를 통해 볼 수 있는 세계 곳곳의 상황이 떠오르는 모습이다. 많은 사람들이 힘들어하고, 수확물이 줄어 가난해지는 상황을 이용해 이웃들의 땅을 헐값에 사들이고 더더욱 부유해지는 이가 있는 것도 요즘과 마찬가지다.

다만 원인은 다르다. 동화 세계답게 초자연적 존재가 문제다. 세상에 비를 내리는 레겐트루데가 잠이 들었고, 그 사이에 포이어만이라는 요괴가 가뭄을 일으켜 인간을 괴롭히는 것이었다. 방법은 레겐트루데를 깨우는 것뿐. 여기에는 두 가지 문제가 있다. 첫 번째는 슈티네 부인과 그녀의 아들 안드레스, 마렌처럼 그녀가 어디에 있는지, 어떻게 가야 하는지, 어떻게 깨워야 하는지를 모른다는, 혹은 할머니에게 들은 주문이 가물가물하다는 점이다. 두 번째는 마렌의 아버지처럼 "도깨비, 망상, 아무것도 아닌 뭐"라며 레겐트루데의 존재 자체를 믿지 않는 사람들이 있다는 점이다. 고대부터의 자연 신앙과 온도계로 대변되는 현대의 이성 중심적 사고가 충돌한다. 두 번째 문제는 레겐트루데를 깨워 비를 내리게 하면 해결된다. 슈티네 부인의 말처럼 "온도계가 날씨를 만들 수는 없으니" 말이다. 또 그러면 마렌은 바라는 대로 안드레스와 결혼할 수 있다.

첫 번째 문제는 안드레스가 양을 돌보러 갔다 우연히 본 포이어만이 차근차근 해결해주었다. 그는 불같이 빨간 옷에 끝이 뾰족한 모자를 썼고, 고약하고 볼품없게 생겼다. 하지만 작고 검은 눈에서는 정말로 불똥이 튀고, 주문을 외우며 가뭄을 만든다.

안개는 파도,
먼지는 샘물!
숲들은 말이 없고,
포이어만은 이리저리 들판 위에 춤추네!
주의하라!
네가 깨어나기 전,
어머니가 너를 데려가신다
집으로 밤으로!

이를 엿듣고 온 안드레스는 어머니의 기억을 되살려 함께 주문을 완성한다. 다시 양을 돌보러 갔을 때 안드레스는 포이어만과 대화를 하게 되고, 포이어만은 자신의 오만함 때문에 레겐트루데에게 가는 길과 그녀를 어떻게 깨울 수 있는지를 누설한다.

다음 날 아침 일찍 마렌과 안드레스는 길을 떠난다. 마을 장터 뒤쪽 넓은 들 위로 이어진 길을 따라가면 커다란 숲이 나온다. 나뭇잎들이 말라 떨어져 아침 6시밖에 안 되었는데도 거의 눈이 멀 지경으로 햇빛이 비쳐 든다. 간신히 숲을 빠져나오자 포이어만이 말한 것처럼 속이 거의 빈 버드나무 거목이 있다. 레겐트루데의 정원에 가려면 이 나무 줄기 속으로 내려가야 한다. 칠흑같이 어둡고 달팽이처럼 꼬인 계단을 내려가자 다시 밝고 더운 세상이 나타난다. 마렌과 안드레스는 한때는 호수와 강이었지만 이제는 광활한 황무지가 된 곳을 지나, 웅장한 나무와 이제껏 본 적 없는 꽃무더기, 넓은 잔디밭이 모두 말라 시들어버린 정원에 다다른다. 여기서부터는 주인공 혼자 가야 한다. 대개 용감한 청년이 잠들어 있는 공주를 구하러 가지만, 〈레겐트루데〉에서는 소녀 마렌이 길을 떠난다. 순수한 처녀만이 레겐트루데를 깨울 수 있기 때문이다.

이 여정에는 불을 뿜는 용이나 몬스터, 가시덤불은 없다. 하지만 묘사만 읽어도 숨이 턱턱 막히는, 자기 목소리를 듣는 게 끔찍할 것 같을 정도로 황량하고 무거운 정적이 펼쳐진 적막강산을 건너야 한다. 해는 내리쬐고, 말라붙은 강바닥에는 흰 모래와 자갈 사이로 죽은 물고기의 은빛 비늘이 반짝이고, 호수 바닥 한가운데에는 이상하게 생긴 커다란 새까지 앉아 있다. 도망가고 싶고, 주저앉아 울고 싶고, 안드레스를 부르고 싶을 테지만 그래도 마렌은 저 멀리 나무가 우거진 숲을 바라보며 계속 걸어간다.

마침내 마렌은 잠든 레겐트루데를 발견하고 주문을 외워 그녀를 깨운다. 둘은 함께 절벽을 오르고, 숲을 벗어나 저 멀리 높다란 성이 보이는 메마른 강가에 다다른다. 그리고 마렌의 마지막 모험이 시작된다. 레겐트루데가 시킨 대로 항아리를 들고 신발이 타버릴 것처럼 뜨거운 강을 홀로 건넌다. 포이어만의 거미 다리처럼 구부러진 손가락이 마른 진흙 바닥에서 불쑥 솟아나와 그녀를 움켜잡아도 마렌은 비명을 지를지언정 나아간다. 마렌이 성의 우물을 열자, 안개가 피어오르고 곧 비구름이 성안에 가득 찬다. 그사이에 발아래서는 풀이 솟아나고, 꽃이 피어나 향기를 흩날린다. 아까의 초췌한 모습과 달리 놀랍도록 아름답고 생기 넘치는 레겐트루데가 어느새 옆에 와 있다. 마렌과 레겐트루데는 함께 비구름을 만들어 밖으로 날리고, 그동안 있었던 일을 이야기한다.

오래전 인간들은 레겐트루데와 가까웠다. 레겐트루데

는 인간들에게 씨앗과 알곡을 주었고, 인간들은 곡식을 가져와 고마움을 표시했다. 그리고 서로를 잊지 않았기에 인간들의 밭에 비가 내리지 않은 적도 없었다(레겐트루데는 '비Regen'와 '정령Trude'이 결합된 이름이다). 하지만 인간들은 점점 멀어져갔고, 덥고 지루해진 레겐트루데는 잠이 들었다. 그사이에 포이어만이 세상의 지배자가 될 뻔했고, 그랬다면 레겐트루데는 땅속의 어머니에게로 가야만 했을 것이다. 그녀를 깨우는 주문에서처럼.

구름은 그간의 복수라도 하듯 포이어만에게 물을 퍼붓고, 비가 온 대지를 적시고, 강과 호수를 채운다. 성 밖으로 나오자 이미 풀밭은 초록빛을 띠고, 나무에도 잎이 돋아났다. 개화 시기에 상관없이 모든 꽃이 피어나고, 레겐트루데가 흩뿌린 물방울에서도 처음 보는 각양각색의 향기로운 꽃들이 펼쳐진다. 마을로 돌아오자 이제 모든 사람이 레겐트루데의 일을 알고 있다. 몇 주 후 풍요로운 수확이 끝난 뒤 마렌과 안드레스는 결혼식을 올린다. 그때 하늘에서 구름 한 조각이 나타나더니 단비 몇 방울을 신부의 화환에 떨어뜨린다. 레겐트루데의 축복이다. 해피 엔딩.

다시 읽은 〈비 공주〉는 굉장히 현대적이었다. 생태적 메시지도 놀랍지만, 여성의 연대가 이토록 큰 역할을 한 동화는 처음이다. 심지어는 퀴어 코드도 숨어 있다. 안드레스도 중요한 역할을 하지만, 비 공주를 깨우는 이는 백마 탄 왕자님이 아니라 농촌 처녀 마렌이다. 그녀는 순결할지언정 순종적이지는 않고, 자신이 무엇을 원하는지 알고, 이를 성취한다. 레겐트루데를 깨워 비가 내리면, 가뭄을 틈타 이득을 취하는 아버지의 수익이 줄어든다. 그렇지만 자신이 원하는 결혼을 하기 위해 아버지를 속이고 길을 떠난다. 나무 아래 세계로 함께 간 안드레스에게도 나무 아래 남아 자기를 기다리라고 지시한다. 아무리 무서워도 길을 이어나간다. 나중에는 레겐트루데 옆에서 자기가 초라해 보일까 봐 안드레스에게 그녀를 보여주려 하지 않는다. 19세기 독일의 남성 작가가 쓴 메르헨에서 이렇게 진취적인 여주인공을 만나게 될 줄이야.

마렌뿐 아니라 이야기의 흐름을 이끄는 이도 모두 여성이다. 100년 전 가뭄 때 레겐트루데를 만났던 슈티렌 부인의 할머니, 이 이야기를 기억했다 전해준 슈티렌 부인, 레겐트루데, 잠든 레겐트루데를 깨운 마렌. 이들이 연대하여 만든 비구름이 세상을 소생시키고 풍요롭게 만든다. 어쩌면 마렌의 모험은 언젠가 또 다른 마렌 같은 소녀에게로 이어질 테다. 반면 안드레스나 (이름조차 언급되지 않는) 마렌의 아버지 같은 남성들은 부차적인 인물이고, 심지어 포이어만처럼 화근이 되기도 한다(포이어만은 '불Feuer'과 '남자Mann'가 결합된 이름이다).

그런데 어릴 적 읽었던 〈비 공주〉의 결말 부분은 원작과 조금 다르다. 마렌의 신부 화환에 빗방울이 떨어지자 원작에서는 신랑과 신부가 "그건 레겐트루데였어"라고 속삭인다. 그런데 〈비 공주〉에서는 안드레스가 "나의 아름다운 비 공주님, 마렌"이라고 속삭인다. 어떻게든 남성이 주도하는 이야기로, 로맨틱하게 끝내고 싶었던 것일지 모르겠지만, 오히려 이 초월 번역이 모든 역경을 극복하고 바라던 바를 이뤄낸 마렌을 레겐트루데에 버금가는 이로 끌어올려버렸다.

오늘도 비는 오지 않는다. 레겐트루데가 잠시 졸고 있는 것이기를. 땅속 어머니께 간 것이 아니기를. 포이어만의 시대가 아니기를.

J. E. H. 맥도널드 J. E. H. MacDonald, 〈뒤엉킨 정원 The Tangled Garden〉(1916)

나무수염이 전하는 이야기

J. R. R. 톨킨, 《반지의 제왕》

"이는 이미 대규모 살생을 초래했고, 수백만 명 이상을 조기 사망케 하겠다고 위협하는 비상사태다. 그 영향은 점차 확산되어 경제 전체를 불안정하게 하고, 자원과 인프라가 부족한 빈곤 국가를 압도할 수 있다. 하지만 이는 코로나바이러스가 아니라 기후 위기다."* 코로나19 팬데믹의 원년인 2020년 초 영국의 〈가디언〉지에 실린 기사의 첫 대목이다. 코로나19 팬데믹의 주요 원인으로 기후 위기가 언급되고, 이 기후 위기 너머에는 인류세Anthropocene가 있다. 인간이 지구에 가하는 압박이 너무나 극심해져 지구가 회

---

* Owen Jones, "Why don't we treat the climate crisis with the same urgency as coronavirus?", 〈가디언〉, 2020년 3월 30일 자.

복 불가능한 지경에 이르고 있다는 것이다. '자연의 복수'라고 하는 오래된 레토릭이 다시 등장하지만, 진부하게 느껴지지 않는다.

이는 톨킨J. R. R. Tolkien의 《반지의 제왕The Lord of the Rings》(1954)에 숨어 있는 메시지이기도 하다. 동명의 영화가 전 세계적으로 유명해진 터라, 절대적인 힘을 지닌 반지를 둘러싼 사건들이 잘 알려져 있지만 원작 소설에서는 다른 이야기들을 볼 수 있다. 우선은 정원사 샘와이즈 갬지가 있다. 순박하고 정직한 그는 이야기 속에서 거의 유일하게 절대반지의 유혹에 휘둘리지 않고, 충실하게 주인공 프로도를 끝까지 수행한다. 심지어는 반지가 "그의 의지와 이성을 갉아먹으며" 유혹할 때 나타난 환상에서도 그는 정원을 만든다. 위대한 영웅 샘와이즈가 명령을 내리자 정복된 곳은 "꽃과 수목의 동산"이 되어 열매를 맺는다니, 샘은 그야말로 뼛속까지 정원사다. 전쟁이 끝난 후 폐허가 된 고향을 복구하는 것도 그의 몫이었으니, '돌보는 이'라는 정원사의 덕목을 그대로 체화한 인물이다.

다시 들여다보면 '나무들의 목자'라고 하는 엔트족the Ents의 활동이 흥미롭다. 이들은 《반지의 제왕》 삼부작의 두 번째인 〈두 개의 탑〉 편에서 활약하고, 영화에도 잠시 등장한다. 반지 원정대의 일원인 호빗 메리와 피핀이 "나무 도살자" 오르크들을 피해 나무가 빼곡하고 어두컴컴한 팡고른 숲으로 도망쳤다가 엔트족의 일원인 나무수염Treebeard과 맞닥뜨린다. 엔트들은 나무와 비슷한 모습을 하고 있지만 나무는 아닌, 말을 하고 또 움직일 수 있는 신화적 존재다. 특히 나무수염은 엔트 중에서도 가장 나이가 많고, 가운데땅의 태양 아래 사는 생물 중에서도 가장 나이가 많다. 나무수염이라는 그의 이름은 가운데땅에서 가장 오래된 숲인 팡고른을 공용어로 옮긴 것이니, 그는 숲의 수호자이자 숲 자체다.

"쇠가 발견되기 전, 나무가 베어지기 전, 달 아래 산들이 아직 젊었을 때, 반지가 만들어지기 전, 재앙이 생기기 전"부터 숲을 거닐던 엔트들은 매우 느리고 또 신중하다. 그러나 이 느림은 인간 혹은 호빗의 기준에서 느림일 뿐 엔트들은 자신의 속도로 산다. 이들은 성급함과 서두름을 경계한다. "서두르지 말라"를 좌우명으로 삼는 나무수염이 보기에 마법사 사루만은 항상 성미가 급했고, 결국 그게 그의 파멸을 초래했다.

자연의 시간을 거스르고, 이보다 빨리 하려는 조급함은 근대 이후 기계문명의 기저에 깔려 있는 태도이기도 하다. 다이아몬드와 금을 캐낼 수 있다 하더라도 절경을 파괴하지 않고, 숲의 빈터를 돌보고, 작은 바위 조각 하나 손보는 정도로 조심스럽게 길을 만드는 난쟁이 김리의 종족을 전통적인 장인에 빗댈 수 있다. 이와 달리 기계장치들을 사용해 무기들을 더 빠르게, 보다 많이 만드는 오르크의 작업장은 산업혁명 초기 시대의 공장을 연상시킨다. 한때 아름답고 푸르렀던 아이센가드는 밤낮으로 김이 피어오르는 생지옥이 되었고, 처음 싹을 틔웠을 때부터 속속들이 알고 있던 나무수염의 친구들은 땔감이 되어 사라졌다. 한때 노래하던 작은 숲은 이제 그루터기와 가시덤불로 뒤덮인 황무지가 되었다. 엔트들은 자족적이고 외부 세계에 무심하지만, 나무와 엔트들의 생명이 위험에 처하자 전쟁에 참전한다. 땔감이 필요하다는 정도의 구실도 없이 닥치는 대로 나무를 베어버리는 오르크와 배신자 마법사에 대한 엔트들의 길고 더딘 분노가 차오르자, 숲 전체가 분노로 진동한다.

인간이 만든 높고 견고한 성채도 엔트들의 손톱과 발톱이 바위에 달라붙기가 무섭게 빵 껍질처럼 산산이 부서지고, 이들이 내는 굉음만으로도 돌이 갈라져 떨어진다. 마치 거대한 나무뿌리가 백 년에 걸쳐 하는 일을 단 몇 초 만에 해치우는 것처럼. 엔트들은 성문을 짓이기고, 성벽을 부수고, 댐을 부수어 저장해둔 물을 한꺼번에 쏟아부어 오르크들의 작업장을 파괴하고, 오염된 땅을 정화한다. 이는 "금속과 바퀴의 마음"을 지닌 사루만이 미처 염두에 두지 못한 자연의 반격이었다. 그는 엔트들에 대한 방책이 없었고, 공격에 속수무책으로 당하고, 반격은 더 큰 화를 부른다.

이에 앞서 나팔산성 전투 때 도망간 오르크들도 후오른의 이상한 숲에서 흔적도 없이 죽게 된다. 오르크들에 대한 증오가 가득한 후오른의 숲은 나름의 방식으로 이들에게 복수를 한 것이다. 그 어둠 속에서 다시 나온 자는 아무도 없기에 그 방법은 자세히 알 수 없으나, 호빗들이 원정을 시작했을 때 묵은숲The Old Forest에서 이들을 얽어매어 옴짝달싹 못 하게 만든 버드나무도 후오른이 아닐까.

톨킨은 양차 세계대전을 모두 겪으며, 인간의 욕망이 야기한 엄청난 파괴와 손실을 체험했다. 그 체험을 바탕으로 한 기계문명에 대한 비판적 시각이 《반지의 제왕》 곳곳에 나타난다. 산업혁명 이전 시대에 대한 향수를 보이지만, 그의 시각은 마냥 낭만적이지는 않다. 엔트들은 자연의 야생성을 상기시키고, "지금 인간들의 작은 삶뿐 아니라 당신이 전설로 여겨온 그런 것들의 삶도 위험에 처했소. 설령 당신이 그들을 모른다 해도 당신과 그들은 동맹 관계인 거요"라며 그 안의 내재적 질서가 파괴되었을 때 약탈자 또한 안녕하지 못함을 경고한다.

한편 참전을 결정하기 위해 엔트들의 회의인 엔트뭇이 열렸을 때의 모습은 호빗 메리와 피핀를 통해 전해진다. 낯선 이가 보기에는 다 비슷비슷해 보이는 호빗족과 달리 엔트의 형상과 색깔, 크기는 각각의 나무만큼이나 달랐다. 정정하나 매우 오래된 나무처럼 수염이 나고 옹이가 많아 울퉁불퉁한 매우 늙은 엔트도 있고, 팔다리가 미끈하고 피부가 부드러운, 키 크고 건장한 엔트도 있었다. 엔트들은 형상도 색깔도 팔다리의 길이도 손가락과 발가락 수도 다르지만 눈이 모두 똑같았다. 나무수염처럼 깊고 나이 들지는 않았지만, 그윽하고 침착하며 사려 깊은 표정과 녹색 광채가 같았다. 하지만 어린나무와 같은 젊은 엔팅Enting은 없었다. 50명 남짓한 엔트들이 나무수염을 중심으로 원을 이루고 서서 높고 낮은 리듬에 따라 읊조리는 대화를 시작한다.

사흘간의 엔트뭇 끝에 참전을 결정하고 가는 길에서 나무수염은 이것이 엔트들의 마지막 행진이 될 수 있음을 밝힌다. 하지만 집에 틀어박혀 꼼짝하지 않는다 하더라도 운명은 조만간 그들을 찾아낼 것이다. 그렇기에 이 마지막 행진이 적어도 노래로 기억될 만한 가치가 있게 만드는 것이다.

　나무수염은 자기네 종족이 너무 적음을 유감스러워한다. 암흑시대 이전에 숲을 거닐던 최초의 엔트 중에서는 딱 셋만 남았지만, 나머지 둘 중 잎새머리는 졸음에 취해 거의 나무가 되어가고 있고, 나무껍질거죽은 오르크들에게 상처받고 종족 대부분을 잃은 뒤 고산지대의 자작나무 숲에 은거한다. 엔트들은 병 같은 것으로 죽은 것이 아니고, 대부분 나무처럼 되어버렸다. 원래도 수가 그리 많지 않은 데다, 오랫동안 엔트의 자식이라고 해야 할 엔팅이 생겨나지 않았다. 엔트들은 엔트 부인Entwives을 잃어버렸다고 한다. 그런데 엔트 부인들은 죽은 것이 아니고 영영 사라졌다. 이들은 어디로 갔을까?

　나무수염의 말에 따르면 세상이 시작된 지 얼마 안 되었고 숲도 광막한 야생 상태였을 무렵 엔트와 엔트 부인들은 함께였으나 마음은 같은 방향으로 자라지 않았다. 엔트는 거대한 나무와 야생의 숲, 높은 언덕을 사랑했고, 산골짜기에 흐르는 맑은 시냇물을 마시고, 지나가는 길에 나무들이 떨어뜨려준 과일만 먹었다. 또 거대한 나무와 요정에 대한 이야기를 나누었다. 하지만 엔트 부인들은 작고 연약한 나무, 숲 너머 양지바른 언덕에 마음을 쏟았고, 수풀 사이의 자두나 봄에 꽃을 피우는 야생 사과, 버찌 그리고 여름 물가에 피는 초록색 풀과 가을 들판에 씨를 퍼뜨리는 잡초를 바라보았다. 질서와 풍요, 평화를 원한 엔트 부인들은 식물들이 자신들의 명령에 따라 성장하고 열매 맺고 잎을 피우기를 원했다. 그래서 엔트 부인들은 정원을 만들기 시작했다.

나무들의 목자인 엔트는 숲을 헤매고 다니느라 그 정원에 자주 들를 틈이 없었다. 그러던 중 북쪽에서 암흑이 몰려왔고, 엔트 부인들은 대하大河를 건너가 정원을 다시 꾸미고 새로운 평원을 건설했다. 암흑이 무너진 후 엔트 부인들의 정원은 풍요롭게 꽃을 피웠고, 평원에는 곡식이 가득했다. 많은 인간들이 엔트 부인들의 기술을 배우고, 이들을 존경하고 사랑했다. 그러는 사이에 엔트와 엔트 부인은 서로를 만나기 힘들어졌고, 엔트들은 인간들에게 하나의 전설, 숲 한가운데 숨어 있는 하나의 비밀로 남게 되었다. 하지만 전쟁을 겪으며 엔트 부인들의 정원은 모두 황폐해졌고, 정원이 있던 곳은 황무지 갈색 땅이 되었다.

엔트들은 곳곳을 다녔지만 엔트 부인들을 찾을 수 없었고, 야생의 숲이 그들을 불러서 돌아갈 수밖에 없었다. 수많은 세월이 흘렀고 이들의 이야기는 요정들의 노래로 전해진다. 엔트들은 언젠가 다시 엔트 부인들을 만나고, 모두 함께 살며 만족할 수 있는 "가슴 쉴 머나먼 땅"을 찾을 수 있으리라 믿는다. 하지만 지금은 암흑의 군주 사우론에 맞서는 게 중요한데, 왜냐하면 옛날에는 사우론의 힘이 고작 정원을 파괴하는 정도였다면 오늘날의 그는 모든 숲을 시들어 죽게 할 것 같기 때문이다.

엔트 부인들을 잃었기에 후손 엔팅도 더 이상 태어나지 않고, 태초부터 있던 나무의 목자들은 점차 사라지고 있다. 젊어 세상을 돌아다니던 엔트들은 나이가 들어 한곳에 정착하면 뿌리와 가지가 자라고, 점점 나무처럼 되다가 결국 언어를 잃은 보통의 나무가 되어버린다. 혹은 거의 나무처럼 되었지만 이상하고 거친, 분노와 증오에 찬 후오른이 되어 숲을 지나는 이를 위협한다. 호빗과 인간 모두가 두려워하는 묵은숲은 이러한 퇴보의 결과로 생겨난 곳이다.

톨킨이 엔트족을 통해 드러내는 이상적인 과거는 유목 생활을 하던, 자연에 야생이 남아 있던 때다. 방랑을 멈추고 정착 생활을 시작하면서 인류의 문명이 시작되었다고 한다. 우리는 이러한 정착과 문화의 시작이 새로운 변화의 시발점, 인류 진보의 첫 단계라고 배웠다. 인류의 관점에서 보면 정원을 가꾸고 경작의 기술을 전파해준 엔트 부인들이야말로 바람직한 존재다. 하지만 경작된 곳은 야생 상태보다 취약하며, 언제든 엔트 부인들의 정원처럼 한순간에 불모지가 될 수 있다. 톨킨은 자신이 생태주의자가 아니라고 했으나, 전쟁을 겪은 이후 더 빨리 더 많은 것을 만들고 소수가 이를 누리는 문명에 반감을 보인 것은 분명하다.

나무수염은 호빗 메리와 피핀을 만나자마자 호빗들의 고향 샤이어에서 다른 엔트들, 엔트 부인을 본 적이 없는지 묻는다. 그녀들이 정원과 같은 샤이어의 환경을 좋아했을 것이라면서 말이다. 나뭇잎이 새롭게 피어나는 한 엔트와 호빗은 친구로 남을 것이라는 맹세를 하는 작별의 순간에도, 나무수염은 엔트 부인에 대해 듣거나 본 것이 있으면 기별해달라고 다시 한번 청할 정도로 그녀들을 그리워한다.

하지만 샤이어 또한 엔트 부인들의 정원처럼 개발에 취약했다. 영화에서는 호빗들이 모험을 마치고 돌아왔을 때 고향 샤이어가 한결같이 아름답고 평온한 곳으로 묘사되었지만, 소설에서는 "인생에서 가장 슬픈 시간"이라고 하는 다른 이야기가 전개된다. 그사이 그들이 알고 있던 집 대부분은 사라지고 없고, 오래된 호빗들의 집은 버려진 채 황폐하고 정원에도 잡초가 무성했다. 옛길을 없애고 새로 지은 조잡한 집들 사이로 보이는 낯선 기계장치가 가득한 새로 지은 방앗간에서는 연기와 악취와 오수가 쏟아져 나온다. 강변마을 가로의 나무들은 모조리 없어지고, 심지어는 마을 사람들이 모여 빌보의 111번째 생일잔치를 연 '잔치나무'까지 베인 채 들판에 나동그라져 있다. 사람들은 외부인을 경계하고 서로를 감시하며, 악당이 마을을 지배하고 있다. 그리고 이 악당의 우두머리인 샤르키는 알고 보니 사루만, 간달프가 예측한 대로 "사소하고 치졸한 해악"을 끼치는 사루만이었다. 그는 호빗의 고향을 모르도르보다 더 지독한 곳으로 바꾸어 앙갚음했고, 이는 예전의 아름다웠던 모습을 생생하게 기억하는 이들에게는 너무나 잔혹했다.

호빗들의 역사서에 기록될 전투와 사루만의 초라한 종말 이후, 그 혼란을 깨끗하게 치우고 되살리는 일에는 정원사 샘이 누구보다 열심이었다. 다른 것은 몰라도 무자비하게 베인 나무들을 복구하는 데에는 오랜 세월이 걸릴 텐데, 요정 여왕 갈라드리엘의 선물이 기적을 만들었다. 호빗들이 원정을 막 시작했을 때 그녀는 샘에게 자신의 과수원에서 가져온 흙과 축복을 담은 작은 상자를 선물했다. 고향이 온통 황량한 폐허가 되어 있다 하더라도 이 흙을 뿌리면 가운데땅에서 가장 아름다운 정원을 가꾸게 될 것이라는 말과 함께. 샘은 특히 아름답고 사랑스러운 나무가 있던 곳을 찾아다니며 묘목을 심고 흙 속 뿌리에 이 귀중한 가루를 조금씩 뿌렸고, 마지막에는 샤이어의 중심에 가서 축복을 하며 공중에 남은 가루를 날렸다. 상자에 있던 작은 은빛 씨앗은 과거 잔치나무가 있던 곳에 심었다. 그리고 기다렸다. 정원사답게.

봄이 오자 나무들은 20년 동안에 할 일을 1년에 다 하려는 듯 싹을 틔우고 자라기 시작했고, 은빛 씨앗에서도 아름다운 말로른 나무가 자라났다. 그해는 풍요로웠고, 모든 것이 완벽했다. 이듬해에 프로도는 빌보에게 물려받아 써오던 반지전쟁에 대한 책을 샘에게 전달하고, 마지막 여행을 떠난다. 프로도는 샘이 역사상 가장 유명한 정원사로 남을 것이고, 또 책을 통해 지나간 시대의 기억을 되살려 사람들에게 그 '엄청난 위험'을 상기시켜주어 사랑스러운 대지를 더 사랑하게 만들 것이라고 한다. 일찍이 나무수염은 자연이 경작될 때의 수순을 알고 있었고, 정원 같은 샤이어의 위험을 예감했다. 엔트 부인들은 질서와 풍요, 평화를 원했기에 정원을 만들었지만, 이 정원에는 끊임없는 돌봄이 필요하다. 그리고 풍요로움을 넘어선 탐욕은 자연을 불모의 '갈색 땅'으로 바꾸어버린다. 하지만 가꾸고 돌보는 정원사들이 있는 한, 정원은 유지된다. 언젠가 나무수염의 바람대로 엔트 부인들을 샤이어 근처에서 다시 볼 수 있지 않을까.

최초의, 최후의, 다시 최초의 아담과 이브

마거릿 애트우드, '미친 아담 3부작'

세상이 서서히, 또 순식간에 망해가는 것 같을 때는 디스토피아에 대한 글을 읽으며 고약한 마음을 달랜다. 《정원가의 열두 달》을 쓴 차페크는 사실 '로봇'이라는 말을 만든 SF 작가였고, 이 말이 등장한 그의 희곡《R. U. R》에서는 인간의 일을 대신 하던 안드로이드들이 이제 쓸모없게 된 인류를 말살한다. 하지만 인공지능이 그 정도로 발달하여 동네 편의점에서 터미네이터를 맞닥트리기 전에, 아니면 외계인이 지구를 정복하기 전에 우리는 이상기후로 먼저 망하지 싶다. 기후 재난, 자원 고갈 이후의 세계는 어떠할까. 〈인터스텔라〉에서처럼 두 번째 지구를 찾아 떠날까, 〈아바타〉에서처럼 우주 어딘가에서 자원을 착취하려 할까, 이도 저도 아니면 〈매드 맥스〉에서처럼 한정된 자원을 두고 잔혹하게 경쟁할까. 다 별로다. 차라리 혜성 충돌로 한순간에 모든 것이 끝나는 〈돈 룩 업〉식의 종말이 자비롭겠다는 생각이 든다. 아니면 유전자 조작을 비롯한 과학기술의 발전을 통해 어떻게든 살아나갈까. 이 마지막 미래의 가능성의 한 가닥을 마거릿 애트우드Margaret Atwood의 '미친 아담 3부작'에서 찾아보았다.

코로나19가 기승을 부리던 때 《오릭스와 크레이크》(2003), 《홍수의 해》(2009), 《미친 아담》(2013)을 읽었다. 이 소위 '미친 아담 3부작'은 원인을 알 수 없는 전염병, '신의 정원사들'이 "물 없는 홍수"라 부른 "초고속 최강 특이 바이러스"가 전 지구를 휩쓴 미래를 배경으로 한다. 고열과 출혈, 경련, 내부 장기 파열, 죽음으로 이어지는 이 끔찍한 출혈병은 약제나 봉쇄로 통제할 수 있는 통상적인 유행병이 아니었고, 날개라도 달린 듯, 아니 네트워크를 타고 이동하는 듯 사방으로 퍼져나갔다. 공포는 폭력과 파괴, 살육 행위를 낳았고, 인류는 거의 전멸했다. 사실 전염병 이전의 세계도 그다지 행복하지는 않았다. 지구온난화로 경작은 거의 불가능해졌고, 기후 난민이 많아졌고, 성층권은 파괴되었으며 해수면이 상승해 뉴욕은 물에 잠겼고 대신 뉴뉴욕

이 생겼다. 모두가 애서 외면하고 있지만 우리의 터전은 이미 동났다. 이런 와중에 생명공학만은 눈부시게 발전한다. 동물의 몸에서 인간을 위한 장기를 생산하는 것은 물론이요, 소화와 흡수, 성장과 관련 없는 신체 기능을 모두 제거한 닭에서 생산한 닭고기옹이나 양배추 나무, 갖가지 대두 가공품, 열매들이 한 시기에 익는 행복한컵 커피, 마약담배 같은 먹거리 상품이 등장한다. 이종 간의 유전자 조작을 통해 인간의 대뇌피질이 이식되어 상당한 지능을 가진 돼지구리, 탈모인의 빛이 될 모헤어양, 늑개, 너구컹크, 사자양, 빛을 내는 녹색 토끼 같은 기상천외한 생물들이 생겨나 마침내 인류는 불가능의 영역, 무에서 생명을 창조하는 신의 영역으로까지 나아간다. 하지만 호모 데우스의 테크노크라시 세계에서 점점 "생명은 싸구려로 취급"된다. 이 "멋진 신세계"에 대항하는 신의 정원사 무리와 기존 인류를 절멸하고 신인류 크레이커로 세상을 '재부팅'하려는 천재 과학자 글렌/크레이크는 각기 다른 방식으로 낙원을 꿈꾼다. 이야기는 전염병에서 살아남은 글렌/크레이크의 오랜 친구 지미/눈사람이 신인류 크레이커를 이끌고 길을 떠나는 내용으로 시작해, 신의 정원사 집단에 있었던 토비와 렌의 여정을 지나, 여러 인물들의 이야기가 하나로 엮이고 새로운 공존과 균형을 예고하며 끝난다.

애트우드의 전작《시녀 이야기》에서처럼 '미친 아담 3부작'에서도 기독교적 인유가 곳곳에 나타난다. 우선 미친 아담이라는 이름부터 그렇고, 물 없는 홍수를 대비하는 신의 정원사 무리의 아담들과 이브들, 이들의 에덴절벽 정원, 그리고 크레이커라는 신인류와 그들의 고향인 파라디스 돔 등 곳곳에 성경의 내용을 떠올리게 하는 부분이 많다. 구약을 보면 대홍수 후 신은 두 번 다시 물의 방식을 사용하지 않겠다고 했다. 하지만 세상 사람들의 사악함을 생각해 보면 뭔가를 하지 않을 수 없었을 것이다. 노아에게 계약한 게 있으니 물의 방식만 사용하지 않았을 뿐이지. 물 없는 홍수는 "모든 살덩어리들(실제로 구약에 이렇게 과격하게 표현되어 있다)"을 멸망시킨다. 하지만 신의 정원사들의 생각과 달리 이는 분노한 신이 아니라 미친 과학자의 작업이었다. 그런데 이 재앙을 일으킨 글렌/크레이크는 다른 빌런들과 달리 특별한 욕망이 없다. 그는 세계를 정복하려고도 하지 않고, 갖고 싶은 것도 없으며, 복수를 하려는 것도 아니다. 오히려 결핍이나 공백 같은 것이 그를 추동했고, 그 결과는 "위대한 공백"이다.

이 물 없는 홍수 전의 세계에서 기술과 자본이 결합된

조합들은 보안이 철저한 단지를 이루어 살고, 그 담장 너머 평민촌에서는 가난과 폭력, 환경오염이 일상을 위협한다. 평민촌의 시크릿버거에서 고통공 감옥 죄수 출신의 매니저에게 학대당하며 일하던 토비는 신의 정원사들의 도움으로 구조된다. 이들은 반자본적이고 평화를 추구하며, 생태적인 일종의 종교 집단이다. 이 무리를 이끄는 아담과 중요한 역할을 하는 젭은 이복형제 사이다. 이 형제의 아버지는 베드로라는 말이 라틴어로 반석이라는 뜻이니 베드로의 진정한 의미는 바위石에서 나오는 기름油, 즉 석유라고 주장하는 '반석석유 교회'의 목사다. 두 사람은 아버지를 증오한다는 점에서는 같지만, 아담의 A와 젭의 Z가 알파벳의 처음과 끝인 것처럼 체격이나 기질은 상반된다. 아담이 생태적이고 온건한 방식으로 무리를 이끈다면, 젭은 방어를 위한 폭력 행위도 마다하지 않는다.

신의 정원사들은 초기 기독교도처럼 은밀하게 활동하며, 에덴절벽 옥상정원을 가꾼다. 여러 아담과 이브들이 각 분야의 지도자 역할을 하고, 처음에는 손님으로 온 토비 또한 나중에는 각종 약초에 능한 치유자, 이브6이 된다. 이들은 사방이 썩어 들어가고 사악한 소굴이 가득한 평민촌이라는 황무지에 정원을 가꿔 "도처에 황폐함과 삭막함이 만연한 상황에서 우리를 해방시키고자 하는 신의 창조 사역에 일조"하고, "스스로에게는 오염되지 않은 음식을 공급"한다. 오늘날의 도시 농업과 그리 다르지 않은 풍경이지만, 이들이 비축하는 장기 보존이 가능한 식품과 언젠가 올 새로운 세상에 뿌릴 씨앗은 의미심장하다. 미리 신의 경고를 받아 재난을 준비하고 생물종들을 안전하게 지킨 성경의 노아처럼, 신의 정원사들도 같은 역할을 맡았다. 아담의 목사 아버지가 성경의 "온갖 생물을 다스려라"라는 구절에 방점을 두었다면, 아담과 신의 정원사들은 정원을 일구고 돌보게 하기 위해 신이 아담을 에덴 정원에 두었음을 기억한다.

이 무해해 보이는 에덴절벽 옥상정원은 시체보안회사가 고용한 평민촌 갱단에 의해 파괴되고, 무리는 흩어진다. 물리적 정원은 폐허가 되어 습지나 사막으로 돌아갔고, 기억 속에서만 꽃을 피우는 곳이 되었다. 하지만 아담은 언젠가 그들이 에덴절벽으로 돌아가 이전의 영광을 회복할 것이라고 역설한다. 신의 정원사들의 정신은 무너지지 않았기에 이들은 또다시 씨를 뿌리고 나무를 심을 것이기 때문이다. 서구 문명에서는 에덴동산(영어로는 에덴 '정원'이다)을 낙원 정원의 원형으로 삼는다. 최초의 인류인 아담과 이브가 에덴동산에서 추방된 뒤 인류는 모든 것이 충족되었던 완벽한 에덴동산을 그리워하게 되었고, 이에 조금이라도 가까운 이상적인 장소를 만들려 정원을 가꾸게 되었다는 것이다. 신의 정원사들은 최후의 아담과 이브가 되어 망가질 대로 망가진 세상에서 최선을 다해 정원이라는 작은 낙원을 만들고, 망가져도 다시 만들려 한다. 누군가는 이런 노력이 무익하다고 하지만, 젭이 멋대로 지어 부르는 노래처럼 아무도 개의치 않는다면 우리는 파멸할 테니까.

이런 모습만 보면 아담은 평화를 사랑하며 생명정치의 비전을 전파하는 아날로그 히피처럼 보인다. 하지만 이는 아담의 한 면일 뿐이다. 그는 아버지의 비자금 계좌를 해킹해 빼낸 돈을 사용해 에덴절벽 정원을 만들 건물을 구입하고, 생화학 관련 기업체에서 도망 나온 사람들의 안전가옥으로 정원을 활용할 정도로 과격하다. 그리고 온라인의 그는 '멸종마라톤' 게임을 만들고 운영하는 그랜드마스터, '미친 아담'이다. 이는 최근 멸종된 생물종의 이름을 알아맞히는 게임으로, 접속하면 "멸종마라톤. 감독 미친 아담. 아담은 살아 있는 동물들에게 이름을 지어주었고, 미친 아담은 죽은 동물들에게 이름을 지어줍니다. 게임을 하시겠습니까?"라는 글이 화면에 뜬다. 이 죽은 동물은 최근

50년 사이에 멸종된 종에 한정되며, 아주 많다. 영어 단어 'mad'에는 미쳤다는 뜻도 있지만, 크게 화가 났다는 뜻도 있다. 그리고 아담은 미칠 정도로 화가 났다. 생명을 소중히 여기지 않는 세상에 화가 났고, 인간들을 위해 신이 동물들을 창조했다는 목사 아버지에게 화가 났다. 인간 때문에 세상에서 사라진 동물들의 이름을 불러내는 것은 아담에게는 단순한 지적 유희 이상이다.

멸종마라톤 게임에 접속한 이들은 암호명을 입력하는데 글렌은 붉은목뜸부기Red-necked crake에서 따온 '크레이크'를 닉네임으로 삼았고, 나중에는 이 이름이 더 알려진다. 이런 매니악한 게임에는 글렌/크레이크 같은 너드들, 첨단 생명공학자들이 모여들기 마련이다. 아담은 멸종마라톤 플레이어 중 뜻을 같이하는 이들과 함께 테크노크라시에 맞서는 바이오 테러리즘 운동을 준비한다. 그런데 이들 중 일부는 이후 글렌/크레이크의 파라디스 프로젝트에 반강제로 합류된다. 구인류라는 쓰레기를 없애버리고 공간을 깨끗하게 만든 뒤 유전자 조합을 통해 만든 완벽한 신인류를 살게 한다는 그의 계획이야말로 미친 것 같지만 이 일은 소설 속에서 실제로 일어났다. 원서에서 미친 아담은 'MaddAddam'으로 표기된다. d가 두 번 들어가고, 앞으로 읽으나 뒤로 읽으나 같은 이 회문回文에서는 DNA 복제가 연상되는데, 이는 매드 사이언티스트 글렌/크레이크 또한 다른 의미로 '미친 아담'임을 암시한다.

글렌/크레이크가 속한 '되젊음 조합'은 테크노크라트를 이끄는 조합 중에서도 가장 강력했고, 그는 그곳에서 조합 최고의 사업인 파라디스 프로젝트를 이끌었다. 조합이 만든 '환희이상' 알약은 각종 성병에서 자유로운 무한한 쾌락을 주고, 젊음을 연장한다. 건강과 아름다움, 그리고 쾌락을 마다할 이가 있을까. 하지만 이 약에는 숨겨진 부작용이 있는데, 먹은 이를 불임으로 만드는 것이다. 이런 방식으로 구인류 개체수를 조절하고, 유전적으로 완벽한 신인류를 '생산'하여 인구와 환경 문제를 해결한다는 것이 글렌/크레이크의 계획이었다. 그리고 글렌/크레이크는 이 환희이상 알약에 문제의 바이러스를 몰래 주입하여 일을 좀 더 빨리 진행하고자 했다. '미친 아담 3부작'의 시작 부분에는 질병에 걸린 소와 양을 쌓아 올려 불태우는 장면이 등장한다. 실패한 실험물은 소각한다. 생명을 존중하지 않는 마음이 극단으로 가면 어떤 일이 벌어지나. 크레이크는 실패한 구인류를 폐기한다.

모든 것이 질서 잡히고 정돈되었으며 쾌적하고 호화로

운 되젊음 조합 안에는 가뭄과 폭우를 모두 견뎌낼 수 있는 유전자 조작 열대식물들을 심어놓은 미세 기후 조절용 혼합 조림지가 있고, 그 가운데에는 기후 조절이 가능하고 외부 공기 차단 장치가 되어 있는 '파라디스 돔'이 있다. 글렌/크레이크는 이 난공불락의 알에 자신이 창조한 신인류 크레이커들을 살게 했다. 마치 창조주가 아담과 이브를 에덴동산에 놓은 것처럼 말이다. 이 인공 생태계는 글렌/크레이크가 창조한 낙원이다. 널따란 공간은 크레이커의 먹이가 되는 나무와 식물로 채워졌고, 교묘한 투사 장치가 돔의 천장에 해가 뜨고 지는 것처럼 보이게 한다. 가짜 달도 있고, 가짜 비도 내린다. 크레이커들은 모두 벌거벗었지만, 이를 의식하지 않는다. 마치 선악과를 먹기 전의 아담과 이브처럼. 그리고 이 크레이크의 피조물들은 너무나 아름답다. 피부는 "초콜릿, 장미, 차, 버터, 크림, 꿀"의 색으로 다양하고 키도 제각각이지만, 각자 절묘하게 완벽하다. 아이든 어른이든 비현실적으로 아름다워 포토샵 처리한 광고 사진을 보는 것 같다. 그들은 개방적이고, 타자에게 우호적이며, 기회만 있으면 크리스털 같은 목소리로 노래를 부른다. 네덜란드 화가 히에로니무스 보스의 〈쾌락의 정원 The Garden of Earthly Delights〉이 머릿속에 떠오른다. 낙원과 지옥의 모습을 담은 앞면뿐 아니라 창조 중의 세계가 반투명한 알처럼 보이는 뒷면도 같이.

글렌/크레이크는 처음에는 인간 배胚를 이용해 이 신인류를 만들었지만, 이제는 이들 스스로 증식한다. 크레이커들은 아름다울 뿐 아니라 구인류의 유전적 결함을 보완한 업그레이드 버전이다. 이들의 몸에는 모기 퇴치제와 자외선 차단제가 내장되어 있어 겉껍질(옷)이 필요 없다. 작은 상처는 가르랑거리는 소리로 자가 치유할 수 있다. 남성 크레이커의 소변에는 너구컹크나 돼지구리를 쫓아내는 성분이 있다. 초식동물처럼 잎사귀를 먹고, 이를 더 잘 소화하기 위해 자신의 배설물을 먹기에 식량 문제와 환경오염 문제도 없다. 몇 년마다 오는 발정기에 집단으로 교미하기에 성적 욕망 때문에 생기는 긴장이나 갈등도 없다. 고속 성장하기에 육아의 고충도 없다. 질병도 노화도 없다. 그렇게 행복하게 살다가 서른 살이 되면 돌연사한다. 크레이크의 말처럼 죽음의 본질이 "죽음에 대한 선지식과 두려움"이라면, 죽음에 대한 공포가 없는 크레이커들은 불멸의 존재다.

만들어지자마자 에덴동산에 있는 온갖 생물에 이름을 지어줄 정도의 지성을 타고난 아담과 달리 크레이커들에게는 교육자가 필요했다. 그 역할은 오릭스가 맡았다. 그녀는 기후 재난에 가장 타격을 입은 지역 출신으로, 어린 시절 지미와 글렌이 몰래 보던 포르노 영상에 등장한 아동 성착취 피해자였다. 모종의 인신매매 과정을 거쳐 그녀는 미국으로 오게 되었고, 크레이크를 알게 된다. 이후 크레이크의 파라디스 프로젝트에 합류하게 되고, 오릭스(멸종된 영양)라는 이름을 얻는다. 그녀는 크레이커처럼 위장하고 파라디스 돔으로 들어가 이들에게 먹을 수 있는 것과 먹어서는 안 되는 것, 위험한 동물과 해치면 안 되는 것 같은 단순한 것들을 가르친다. 크레이크와 지미, 오릭스의 아슬아슬한 삼각관계는 바이러스가 확산되기 시작할 때 파국적으로, 크레이크가 오릭스를 죽이고, 지미가 크레이크를 죽이면서 끝난다. 파라디스 돔의 기계장치가 멈추기 전에 지미는 크레이커들을 이끌고 세상으로 나간다. 그리고 자신의 이름을 설인, 사람 같지만 사람이 아닌, 현존하는 동시에 부재하는 이인 '눈사람'으로 바꾼다. "이전 시대의 물건들"(대부분 플라스틱이다)이 가득한 바닷가에서 지미/눈사람은 크레이커들을 위한 크레이크와 오릭스의 신화를 창조한다.

멸종마라톤 게임의 플레이어들, 즉 신의 정원사 무리와

파라디스 프로젝트 팀 중 살아남은 이들은 최악의 구인류인 고통공 죄수들을 상대로 마지막 싸움을 벌이는데, 이때 크레이커와 돼지구리 또한 큰 힘을 보탠다. 그 과정에서 인간과 돼지구리들은 서로를 해치지 않겠다는 약속을 끌어내고, 인간과 크레이커 사이의 혼혈아, "인류의 미래"도 태어난다. 이야기와 노래를 좋아하는 크레이커들 중에는 문자를 익혀 기록하는 법을 익히는 이도 나타난다. 소설의 말미에 이르면 화자가 구인류 토비에서 크레이커 블랙비어드로 바뀐다. 그리고 그는 "희망에 관한 말"을 쓴다. 이들이 살아갈 세계는 어떤 모습일까. 아직 갈 길은 멀지만, 식물은 절로 번창하여 "아스팔트에 균열을 내고 벽을 무너뜨리고 지붕을 밀어내"버리며 구인류의 흔적을 서서히 없애갈 것이다. 사방에 먹거리가 가득하니 크레이커는 성경 속 아담과 이브, 그리고 신의 정원사 무리의 아담들, 이브들과 달리 경작할 필요가 없다. 온 세상이 정원이니, 역설적이게도 이 새로운 최초의 아담과 이브들에게는 정원사가 된다는 게 아무런 의미가 없을 것이다. 이들의 신세계는 정말로 멋지기를. 이것은 희망에 관한 말이다.

귀스타브 카유보트 Gustave Caillebotte, 〈정원사들 The Gardeners〉(1875~1877)

지구 정원사는 떠나지 않는다

김초엽, 《지구 끝의 온실》

여기 말고 저 어딘가 세상 끝에는 좋은, 적어도 여기보다 나은 곳이 있다는 이야기가 있다. 종교나 신화 속 낙원이든, 아니면 그저 참을 수 없는 권태감에 "하나의 병원" 같은 삶을 벗어난 "이 세상 밖"(보들레르, 〈이 세상 밖이라면 어디라도〉)이든 그곳에 가고 싶다는 바람, 상상은 모두가 해보았을 것이다. 하지만 그 '세상 끝'을 찾는 일이 당장의 생존과 관련된 일이라면 어떨까? 김초엽의《지구 끝의 온실》속 아마라와 나오미 자매처럼 절박하다면?

이야기는 '더스트 폴'이라 불리는 기후 재난이 일어난 2050년대 후반과 종식 60주년을 맞은 2129년을 오가며, 이 시대를 살아낸 아마라와 나오미 자매, 이희수/지수, 레이첼, 이들의 삶을 다시 엮어내는 재건 이후의 식물학자 아영 사이에서 이어진다. 그리고 가상의 식물 모스바나가 줄기를 뻗고, 뿌리를 내리고, 씨앗을 뿌리며 중요한 역할을 한다.

2055년, 운이 좋다면 내가 살아갈 해다. 아니, 소설 속과 같은 세상이라면 늙고 낡은 몸으로 그때까지 살아 있는 게 좋지만은 않지 싶다. 최첨단 기술이 생활 곳곳에 스며들었고, "지구를 구할 그린 테크놀로지"가 환경 문제 해결을 선도한다. 유기물을 친환경 단위 물질로 빠르게 환원한다는 솔라리타 연구소의 나노 입자 개발 프로젝트가 성공해 기후 위기가 해결되면 좋으련만 사고가 일어났다. 나노 크기의 자가 증식하는 먼지가 연구소 밖으로 누출되었고, 순식간에 대기층을 잠식했다. 이 붉은 먼지는 숙주가 필요 없고, 어떠한 의지도 악의도 없다. 그저 스스로 증식하고 안개처럼 퍼져나가고, 그러다 모든 유기체를 휩쓸어버리는 더스트 폭풍을 일으키며 죽음과 멸망을 불러올 뿐.

사고 직후 원인은 은폐되었고, 많은 사람들이 급성 중독으로 죽는다. 부랴부랴 무인 공장에서 만든 돔을 씌워 도시를 보호해본다. 돔과 비슷한 것이라도 씌워보고, 그것도 안 되면 지하 동굴과 같은 대피소라도 만들어 생존을 도모

한다. 인간이 생존할 수 있는 구역은 급속도로 줄어들고, 살인 기계들은 살기 위해 돔 시티로 몰려드는 이들을 가차 없이 학살한다. 그 외의 비인간 생명들에 대해서는 신경 쓸 겨를이 없다. 한정된 물자를 얻기 위해 서로가 서로를 약탈하고, 목숨을 빼앗고, 내성을 가진 이들은 미신에 희생되거나 내성종 사냥꾼의 추격을 받고, 연구소 실험 대상이 된다. 남은 이들은 "문명의 잔해를 긁어 먹으며" 미루고 피할 뿐 끝을 향해 나아가는 듯하다.

   소설은 한때 말레이시아의 국립공원이었지만 지금은 모든 것이 죽은, 하지만 부패하지 않아 더 섬뜩한 밀림을 헤쳐나가는 아마라와 나오미 자매를 묘사하며 시작한다. 바닥을 기어다니는 벌레 한 마리 보이지 않고, 수북이 쌓인 낙엽 더미에 발이 푹푹 빠진다. 기후가 변해 이제 이곳도 건조하다지만 아무것도 분해되지 않는다는 게 더 무섭다. 여러 디스토피아 소설에서는 길가에서 들개 무리에게 뜯어 먹히거나, 속절 없이 썩어가거나, 심지어는 녹아내리는 시신이 무의식적으로 공포심을 일으키는데 더스트는 이와 반대다. 생명의 순환을 소멸시키고 오직 자신만이 증식한다. 검은 나무줄기, 흰색 수액, 잿빛 이파리, 그리고 정적. 무채색의 숲사막에서 이 어린 소녀들은 무엇을 하는 걸까.

이들은 도피처를 찾고 있다. 쿠알라룸푸르에서 북서쪽 방향으로 두 시간쯤 차를 타고 달리면 나오는 숲속에 있다는 도피처. 돔 시티도 아니고, 지하 피난소도 아니고, 더스트 폴 이전처럼 살 수 있는 곳이 있다는 말을 생체 실험을 당하던 연구소에서 들었다. 낯선 이와의 거래를 통해 얻은 좌표가 완전히 거짓은 아니었는지 숲 안쪽으로 들어갈수록 기묘한 흔적들이 조금씩 나타난다. 부패가 일부 진행된 오랑우탄 사체, 축축한 흙, 습기를 머금은 공기, 살아 있는 듯한 덩굴식물, 허공에 흩날리는 흰 씨앗과 포자. 그리고 나무를 뒤덮은 식물에서 나오는 것 같은 형형한 푸른빛. 하지만 자매는 낯선 이들에게 붙잡혔고, 공격받아 의식을 잃는다. 아마 수많은 사람들이 이런 끝을 맞았겠지. 낭패감과 분노와 절망이 뒤섞인, 그리고 장례와 애도 없는 죽음. 하지만 이들의 이야기는 2장 〈프림 빌리지〉에서 이어진다.

자매가 풍문으로 듣고 절박하게 찾아온 도피처는 프림 빌리지라는 곳이다. 이 낯선 이름은 무슨 뜻일까 궁금했는데 말레이시아 삼림 연구소Forest Research Institute Malaysia, FRIM의 두문자어이고, 실제로 있는 곳이다. 낙원 정원에 대한 이야기를 할 때 흔히 언급되는 에덴이니 무릉도원이니 하는 곳과는 동떨어진 행정 명칭이지만 여기에서 누군가는 부스러지는 삶을 함께 그러모았고, 영원을 꿈꿨다. 더스트 폴 이후 수많은 공동체가 생겨나고 얼마 못 가 사라졌지만, 프림 빌리지는 몇 년간이나 유지되고, 아이들이 자랐고, 심지어 정원을 일구어 먹거리를 구했다. "야생 동물이든, 벌레든, 길가의 잡초든 살아 있는 게 있었다면 다 먹었을" 텐데 그런 것조차 더스트 폴 이후 모조리 죽어버려, 영양 캡슐이라는 초가공식품이 생존을 담보하는 세상에 이게 어떻게 가능했을까?

프림 빌리지에는 지수와 레이첼이 있었다. 대개 이런 이들은 초자연적인 능력을 타고났거나 특별한 소명 의식, 책임감, 아니면 계시를 받은 위대한 인물이지만, 이 둘은 그렇지 않다. 기계 수리공 지수는 타인의 죽음을 아무렇지 않게 지켜보는 사람만이 살아남는 현시대에 환멸을 느끼고, 인류가 존속될 만큼 가치 있는 존재가 아니라고 생각하는 냉소적인 인물이다. 그리고 레이첼은 이러한 감정조차도 소멸된 듯한, 오로지 자신이 연구하는 식물에만 관심이 있는 인간-기계다. 더스트로 인류가 멸종한 세상에서 자신이 개량한 식물들이 어떻게 지구를 덮어버렸는지를 바로 목격하고 싶어 기계 몸의 전원을 잠시 꺼두려 했을 정도니 말 다 했다. 둘 다 생물학적 여성(이었던 것)으로 보이지만 모성으로 대표되는 돌봄의 세계와는 동떨어져 있다. 그럼에도 이들은 왜 굳이 프림 빌리지라는 작은 세계를 구하고 가꾼 걸까.

지수는 더스트 폴 이전에 솔라리타 연구소에서 레이첼을 '수리'한 적이 있다. 겹겹이 보호되는 연구실에는 방사능이라도 쬐어 키우는 게 아닐까 싶은 갖가지 기괴한 식물이 뒤엉켜 자랐고, 번호가 붙은 격실에는 붉은 듯 검푸른 듯한 안개가 가득했다. 이 "원자의 정원"에서 자라는 식물들은 레이첼의 기계 팔에 정체불명의 끈적이는 고분자 물질을 남겼고, 지수는 이를 제거하는 작업을 했다. 더스트 폴 이후 지수는 살아남기 위해서라기보다는 그저 이보다 나은 데서 죽겠다는 목표를 가지고 곳곳을 떠돌아다니며 여러 공동체를 접하지만, 각각의 방식으로 끔찍하고 기괴하여 미래를 기대하기 어렵다. 그러다 우연히 다시 레이첼을 수리하게 된다. 더스트 폴이 시작되자 솔라리타의 간부들은 연구물은 물론 연구자도 없애 증거를 없애려 했고, 레이첼은 종자와 견본 식물을 가지고 몸을 피했다. 말레이시아로 온 것도 과거 협업했던 프림 연구소에 첨단 유전체 개량 장비가 있기 때문이다. 이곳의 산속 온실에서 레이첼은 두 번째 "원자의 정원"을 만들고 실험을 계속한다.

지수와 레이첼은 함께 지내기로 한다. 지수는 한곳에

머물고 싶었고, 레이첼은 자신의 식물들을 연구하기를 바랐다. 지수는 더스트에도 살아남는 레이첼의 식물과 그가 여러 식물을 조합해 만드는 더스트 분해제를 원했고, 레이첼에게는 자신의 기계 몸을 정비해줄 이가 필요했다. 손해 볼 것 없는 거래였고, 이후 파괴와 학살을 피해 온 이들(대부분 여성과 원가족을 잃은 아동이고 국적과 인종도 다양하다)이 조금씩 합류한다. 사람들은 레이첼이 개량한 식용 식물을 심은 텃밭을 가꾸고, 침입자를 막기 위한 다양한 방책을 세운다. 아마라와 나오미 자매가 숲을 헤매다 가짜 더스트 안개를 피하고 공격을 받던 무렵은 프림 빌리지가 제법 마을의 꼴을 갖춘 때였다.

　깨어난 아마라와 나오미 자매는 "더스트 시대에는 존재할 수 없는 풍경"을 마주한다. 비를 맞아 젖은 숲은 청량하고 비와 바람과 같은 기상 현상이 죽음과 연결되지 않는 곳이 정말 있다. 숲속이라고 더스트가 전혀 없는 것은 아니지만 농도가 낮아 내성이 약한 아마라도 편하게 숨을 쉴 수 있고, 무엇보다 분해제가 있다. 연구소의 사람들과 바깥세상 사람들이 자매의 피에서 무자비하게, 그리고 헛되이 찾아내려 했던 그 기적의 약이 이 마을에 있다. "멸망한 세계에 남은 유일한 도피처"에서 자매는 하루하루를 쌓아간다.

이와 비슷한 곳이 왕조가 교차되며 혼란스럽던 4세기 중국에도 있었던 것 같다. 무릉에 사는 어느 어부가 물길을 따라가다 복숭아꽃이 만발한 숲을 보았고, 이를 따라가니 마을이 나타났다. 너른 땅에 잘 가꾼 밭이 펼쳐지고, 아름다운 연못과 숲이 있다. 길과 집도 훌륭하고, 닭과 개와 같은 가축 소리도 들린다. 노인과 아이까지도 모두 한가롭고 즐겁고 낯선 이를 보아도 의심하지 않고 술과 밥을 대접한다. 이들은 전란을 피해 산속으로 피란 온 이들의 후손으로, 근 500여 년간 이곳에서 세상과 단절되어, 아니 위험을 벗어나 살아왔다. 이런 이야기에서 모험의 보상으로 등장하는 금은보화나 권력, 불로장생 같은 건 없어도 그만이다. 필부필부의 안온한 일상보다 귀한 게 또 있을까.

프림 빌리지라는 21세기의 무릉도원은 어떤 곳일까. 곳곳에 표시를 했는데도 다시 길을 찾을 수 없었다는 도연명의 낙원보다는 좀 더 그럴싸하다. 말레이시아 쿠알라룸푸르 북서쪽 국립공원 속에 있는 언덕 하나를 상상해보자. 경사는 가파르지 않아도 나무들이 빽빽하다. 비탈길 아래쪽 계곡이 내려다보이는 곳에는 회관이, 근처 평지에는 사무소와 식당, 의료실이 있고, 언덕을 따라 띄엄띄엄 사람들이 사는 나무 집이 세워져 있다. 언덕 중허리에는 아이들을 위한 학교와 도서관이 있다. 언덕 위에는 낮이고 밤이고 조명이 켜져 있는 온실이 있다. 그리고 언덕 뒤편에는 "이 마을에서 제일 멋진 곳"인 넓은 경작지가 있다. 더스트로 말라 죽은 나무를 베어내고, 깊숙하게 뻗은 뿌리를 뽑아내고, 흙을 골라내고 비옥하게 만들어 무언가를 키울 수 있는 땅으로 만든다는 생각만 해도 아득한데('정글'이라는 말 자체가 '경작되지 않은 땅, 숲, 황무지, 사막'이라는 뜻의 힌두어 '장갈 jangal'에서 유래한다), 이곳에서는 작물이 자라난다. 온실에서뿐 아니라 맨땅에서도 토란과 고구마, 바나나, 율무, 얌, 허브와 같은 먹거리를 기르는데, 예전에는 이런 곳을 텃밭, 키친 가든이라고 불렀다. "자료 사진이나 오래된 풍경화"처럼 비현실적인 경작지가 펼쳐진 이 마을은 사람들이 말하는 것처럼 "기이한 마법"으로 감싸인 축복받은 곳일까? 아니, 과학이다.

마을에서 자라는 식물들은 모두 레이첼의 온실에서 유전자 개량된 저항종이다. 때가 되면 지수가 온실에서 모종을 받아 수레에 실어 마을로 가져오고, 계절이 뚜렷하지 않으니 기온이 적당할 때 어림짐작으로 심는다. 기왕 개량하는 김에 알아서 쑥쑥 자라고 결실도 넉넉하면 좋으련만 경작의 노고는 여전해 보인다. 그래도 더스트 폴 이후 벌레와 잡초가 거의 없다니 한숨 덜었다. 함께 가꾸어 거두고, 갈무리해 저장하고, 요리해 나눠 먹는다. 여전히 영양 캡슐이 주 영양원이지만 언젠가는 더 많고 다양한 식물을 키워 먹을 수 있으리라는, 더 나은 내일에 대한 희망이 자란다. 이 소중한 세계를 최대한 지키고 싶어 하는 이도 있고, 죽음의 세계에서 홀로 생명이 싹트는 "축복받은 숲"을 확장하기를 바라는 이도 있다.

하지만 마을의 미래는 마을 사람들의 뜻으로 정할 수 있는 것이 아니었다. 강력한 더스트 폭풍이 지나갔지만, 급히 심은 레이첼의 덩굴식물이 더스트를 응집해 마을을 구했다. 하지만 이 정체불명의 덩굴식물은 길들여지지 않고 순식간에 마을과 숲을 잠식해나간다. 까맣게 죽은 나무들을 휘감고 올라간 덩굴은 오묘하고 짙은 녹색으로 숲을 물들이고, 밤이 되면 푸른 먼지가 흩날린다. 식물의 초록은 보통 생명력을 나타내지만 이 숲은 기이하다. 지구의 것 같지 않은, 인위적으로 만든 모형 정원, 투명한 스노볼 속 공간에 가까운 모습이다. 덩굴이 텃밭까지 망가뜨리면서 식량이 부족해진 마을의 긴장감은 더욱 높아진다. 세상으로부터 착취당하고 내팽겨쳐진 이들이 서로를 돕던 프림 빌리지의 약한 고리가 끊어지기 시작한다. 내성이 약한 이가

배척당하고, 호버카나 더스트 내성종 모종이나 작물을 훔쳐 돔 시티로 떠나는 사람도 나타난다. 내부가 붕괴되기 전 대규모 침입을 받아 프림 빌리지는 파괴되고 사람들은 흩어진다. 하지만 이들은 더스트를 견디고 숲 밖에서도 자랄 수 있도록 유전자를 조작한 종자와 모종을 갖고 떠나며 약속을 한다. 이 숲을 나가도 레이첼의 식물을 심고, 프림 빌리지를 만들자고, 그러니 다시 만나자는 약속을.

　이 시기의 숱한 대안 공동체들처럼 잊힌 프림 빌리지는 더스트 종식 60주년을 맞은 2129년 되살아난다. 더스트 종식기에 번성했다 거의 사라진 세발잔털갈고리덩굴*Hedera trifidus*, 보통 모스바나라고 불리는 식물이 강원도에서 이상 증식하는 사건이 일어났고 더스트생태연구센터로 분석 의뢰가 들어온다. 주위의 양분까지 모두 빼앗아 아득바득 살아남는, 잘라도 잘라도 다시 줄기를 내는 독한 식물, 사람 잡는 잡초, "악마의 식물"이라는 묘사에서는 담쟁이보다는 환삼덩굴이나 가시박처럼 공격적으로 번식하고 또 잔가시가 풀독을 일으키는 식물이 떠오른다. 세 갈래tri-로 나뉘는-fid 송악Hedera(담쟁이와 같은 덩굴식물)속 식물이라는 그럴듯한 학명까지 있지만 허구의 식물이다.

　연구소 식물생태팀에 근무하는 아영은 어린 시절 이웃

에 살던 별난 노인의 "징그러울 정도로 잡초가 무성한 정원"에서 본 푸른빛을 내는 덩굴식물을 떠올리고 이 사건을 파고든다. 재건 60주년 기념 심포지엄이 열린 에티오피아 출장에서 아영은 "랑가노의 마녀들"이라 불리는 아마라와 나오미 자매를 만나고, 모스바나에 담겨 있는 긴 이야기가 깨어난다. 자매는 프림 빌리지가 파괴된 후 수개월의 긴 여정 끝에 고향 에티오피아로 돌아왔고, 그 길 곳곳에 모스바나 씨앗을 뿌렸다. 폐허가 된 대피소를 거점 삼아 레이첼의 식물을 심고, 지수에게서 배운 대로 분해제를 제조하며 다시 삶을 일군다. 문득 궁금하고, 또 그리울 때도 있지만 사는 게 바빠, 그리고 아마라가 더스트 후유증을 앓으면서 프림 빌리지 시절은 이들에게도 먼 이야기, 정말 그랬었나 싶은 과거가 되었다.

"테크놀로지와 전 인류적 협력"을 통해 더스트 폴을 극복했다는 공식 역사에서 잊힌 프림 빌리지와 모스바나의 전설과도 같은 이야기는 호기심과 반발을 모두 일으켰다. 다양한 분야에서의 범국가적 연구를 통해 더스트 폴의 발단과 종식에 대한 새로운 역사가 쓰이고, 모스바나는 악마의 잡초에서 "구원자 식물"로 재인식된다. 그리고 모스바나의 유전체 연구를 통해 프림 빌리지에서 시작된 모스바나가 거의 전 세계의 전 대륙에 심겼다는 것이 밝혀졌다. "돔 안이 아니라 바깥을 바꾸는 실험"은 성공했고, 또 다른 프림 빌리지를 만들자는 약속을 많은 이가 지켰다. 같은 시공간에 머문 시간은 한순간이었다고 생각했지만, 서로를 볼 수 없을 뿐 늘 함께 있었다. 지독한 잡초를 심은 괴상한 정원처럼 보일지라도 모스바나는 한때 그곳에 살았던 이들에게는 프림 빌리지의 한 조각이었다.

  구글 맵을 켜고 이들의 여정을 좇아본다. 믈라카, 랑카위, 조호르바루, 쿠알라룸푸르… 소설과는 사뭇 다를 실제 쿠알라룸푸르 인근의 케퐁 식물원 프림 삼림 연구소, 아마라와 나오미 자매가 에티오피아로 돌아가는 길, 그리고 함께 프림 빌리지에 살았던 이들이 모스바나를 심은 지구의 끝들을 헤아려본다. 이들은 엉망진창이 되어버린 지구를 떠나거나 포기하지 않고, 그 모퉁이마다 씨앗을 심었다. 지수의 말처럼 그들이 가는 곳 전부가 프림 빌리지의 숲이고 온실이 되었다. 이들은 약속을 지켰고, 그러자 약속이 이들을, 우리의 세계와 미래를 지켜주었다. 이 '지구 정원사'*들

---

* KBS의 다큐멘터리 제목으로 차용되어 우리에게도 익숙한 이 말은 프랑스의 조경가 질 클레망이 만든 말이다. 그는 우리가 사는 이 지구 전체를 하나의 정원으로 보고, 우리 모두가 이 지구를 돌보고 가꾸는 '지구 정원사'가 되어야 한다고 말했다.

이 나누었을 다정하고 "온기 어린 이야기"와 약속들을, 그리고 지금도 어딘가를 비추고 있을 것만 같은 온실의 불빛을 상상해본다.

미주

1 치유의 정원

하지만 우리의 정원을 가꾸어야 합니다
— 《캉디드》는 여러 출판사에서 번역되었다. 1장에서 팡글로스 박사의 실험물리학 강의가 일어난 장소인 파크를 대부분의 번역서에서 '공원'이라고 번역했다. 하지만 성이나 저택에 속한 정원 외부에 있는 사냥터나 숲, 초지를 지칭하는 파크(영어 park, 프랑스어 parc, 독일어 Park)는 공공녹지 공간인 도시의 공원public park과 달리 사유지다. 이형식이 번역한 펭귄클래식 판본에는 '파르크'라고 표기되어 있다. 하지만 이 또한 조경사에 대한 이해를 바탕으로 한 것이 아니고, 배경이 베스트팔렌임을 고려하여 독일어 파크Park의 발음으로 적었다고 한다. 정원이라는 뜻의 프랑스어 jardin은 역자에 따라 정원 혹은 밭으로 번역되었다.
— 이 글은 〈환경과조경〉 2020년 12월 호에 실은 원고를 수정·보완하였다.

마법이 정원에 있네
— 《비밀의 정원》(또는《비밀의 화원》)은 여러 출판사에서 번역되었고, 어린이를 위한 축약본부터 완역본까지 다양하다. 완역본 중에서는 공경희가 사투리 뉘앙스를 살려 번역하고 타샤 튜더Tasha Tudor의 삽화가 수록된 시공주니어 판본이 가장 잘 알려져 있으며, 박현주가 번역한 현대문학 판본은 원서의 분위기를 잘 전달한다.
— 이 글은 〈환경과조경〉 2021년 1월 호에 실은 원고를 수정·보완하였다.

19세기 리틀 포레스트
— 번역서로는 진인혜가 번역한 《부바르와 페퀴셰 1, 2》(책세상, 2006)가 있고, 본문의 인용 부분은 저자가 《Bouvard et Pécuchet》(Gustave Flaubert, Paris: Fasquelle, 1899)를 참조해 옮겼다.

— 환상 없는 시골 생활에 대한 내용은 마루야마 겐지가 쓴 《시골은 그런 것이 아니다》(고재운 역, 바다출판사, 2014)를 보라.
— 이 글은 〈환경과조경〉 2021년 3월 호에 실은 원고를 수정·보완하였다.

사생활인데 무슨 상관입니까?
— 《위대한 유산》의 완역본은 민음사와 열린책들 등에서 출판되었다.
— 이 글은 〈환경과조경〉 2021년 4월 호에 실은 원고를 수정·보완하였다.

취약하고 즐겁게, 인간답게
— 알베르 카뮈 저, 김화영 역, 《페스트》, 민음사, 2011.
— 조반니 보카치오 저, 박상진 역, 《데카메론 1~3》, 민음사, 2012.
— 로버트 포그 해리슨 저, 조경진·황주영·김정은 공역, 《정원을 말하다》, 나무도시, 2012.
— 이 글은 〈환경과조경〉 2020년 4월 호에 실은 원고를 수정·보완하였다.

센트럴파크를 만든 여행
— 2020년 방탄소년단이 〈내 방을 여행하는 법〉을 발표하기 230여 년 전에 프랑스의 그자비에 드 메스트르Xavier de Maistre가 이 장르를 개척했다. 사실 가택연금을 견디는 방법이었으니 코로나19 시기의 우리 상황과 크게 다르지 않을 듯하다. 그자비에 드 메스트르 저, 장석훈 역, 《내 방 여행하는 법Voyage autour de ma chambre》, 유유, 2016.
— 옴스테드는 관찰하고 생각한 바를 일생 동안 기록했다. 미국 의회도서관에 소장된 방대한 옴스테드 페이퍼 컬렉션은 대부분 온라인으로 열람할 수 있다. 조경가로서의 그의 경력과 관련된 글을 모은 책도 여럿 있는데, 아직 번역되지 않았다. 이 글에서는 Frederick Law Olmsted, Introduction by Charles McLaughlin, *Walks and Talks of an American Farmer in England*, Amherst: Library of American Landscape History, 2002를 참조했다.
— 이 글은 〈환경과조경〉 2021년 9월 호에 실은 원고를 수정·보완하였다.

2 사랑의 정원

언젠가 본 적 있는 정원
— 조르조 바사니 저, 이현경 역, 《핀치콘티니가의 정원》, 문학동네, 2016.
— 소설을 원작으로 한 비토리오 데 시카Vittorio De Sica 감독의 영화 〈핀치콘티니의 정원〉(1970)도 유튜브 등의 동영상 플랫폼을 통해 볼 수 있다.
— 이 글은 〈환경과조경〉 2020년 11월 호에 실은 원고를 수정·보완하였다.

인내와 시간이 만든 자연미
— 《신엘로이즈》의 완역본은 한길사(서익원 역, 2008)와 책세상(김중현 역, 2012)에서 출간되었다.
— 루소의 모순적 생애는 폴 존슨이 쓴 《지식인의 두 얼굴》(윤철희 역, 을유문화사, 2020)의 1장을 보라.
— 이 글은 〈환경과조경〉 2021년 6월 호에 실은 원고를 수정·보완하였다.

네 사람의 어긋난 케미스트리
— 《친화력》은 민음사(김래현 역, 2001)와 서울대학교출판문화원(오순희 역, 2013) 등에서 출간되었다. 발터 벤야민의 비평서 《괴테의 친화력》은 새물결(조형준 역, 2011)과 길(최성만 역, 2012)에서 출간되었는데 놀랍게도 소설 속 정원에 대한 이야기는 찾아볼 수 없다.
— 이 글은 〈환경과조경〉 2021년 7월 호에 실은 원고를 수정·보완하였다.

그 정원은 한낱 꿈이었지만
— 《힙네로토마키아 폴리필리》는 1499년 당시 유럽 최고의 인문학 출판사 중 하나인 알두스 마누티우스Aldus Manutius에서 처음 출판되었다. 당시의 상황에 대해서는 마틴 로리가 쓴 《알두스 마누티우스》(심정훈 역, 길, 2020)의 4장을 보라.
— 얼마나 인기 있었는지 1592년에 영국에서 《꿈에서의 사랑의 투쟁The Strife of Love in a Dream》이라는 축약된 해적판 번역본이 출간되었다. 프

랑스에서는 1546년 《폴리필로의 꿈Le Songe de Poliphile》이라는 제목의 번역본이 새로 제작한 판화와 함께 출판되었다. 원서가 출간된 지 500년 뒤에 출판된 Francesco Colonna, trans. by Joscelyn Godwin, *Hypnerotomachia Poliphili: The Strife of Love in a Dream*, Thames & Hudson, 1999가 최초의 영문 완역본이다. 이안 콜드웰과 더스틴 토머슨이 쓴 《4의 규칙The Rule of Four》은 《힙네로토마키아 폴리필리》를 중요한 모리프로 삼았다.
— 이 글은 힘들었던 학기 과제를 최선을 다해 살려낸 황주영, 〈16-17세기 이탈리아와 프랑스 정원과 《힙네로토마키아 폴리필리》〉, 《미술사학보》, 36, 2011, 179-214의 내용을 바탕으로 하여 쓰였음을 밝힌다.
— 이 글은 〈환경과조경〉 2020년 9월 호에 실은 원고를 수정·보완하였다.

죽음으로도 죽지 않는 사랑
— 크리스티앙 보뱅 저, 김도연 역, 《그리움의 정원에서》, 1984Books, 2021.
— 크리스티앙 보뱅 저, 이창실 역, 《작은 파티 드레스》, 1984Books, 2021.
— 크리스티앙 보뱅 저, 이주현 역, 《환희의 인간》, 1984Books, 2021.

스위트 캔디, 근대의 향기
— 미즈키 코코水木杏子 원작, 이가라시 유미코いがらしゆみこ 작화, 《캔디 캔디》, 흑백 애장판, 하이북스, 2005.
— 후타바 장미원은 마야 무어가 쓴 《잃어버린 장미정원》(김욱균 역, 궁리, 2019)을 통해 볼 수 있다.

사랑엔 결코 지나침이 없음을
— 파스칼 키냐르 저, 송의경 역, 《우리가 사랑했던 정원에서》, 프란츠, 2019.
— 시미언 피즈 체니 저, 남궁서희 역, 《야생 숲의 노트》, 프란츠, 2022.

3 욕망의 정원

투기판 속 신흥 부자들의 정원
— 번역서로는 조성애가 번역한 《쟁탈전》(지식을만드는지식, 2012)이 있다. 이전 판본으로는 같은 역자의 《쟁탈전》(고려원, 1996)이 있으나 절판되었고, 2010년에 지식을만드는지식에서 출간된 축약본도 절판되었다.
— 루공-마카르 총서 중 약 절반 정도만 국내에 번역되었는데, 전집은 어렵더라도 레 알Les Halles 시장을 배경으로 하는 《파리의 배[腹]Le ventre de Paris》만이라도 번역된다면 좋겠다.
— 이 글은 〈환경과조경〉 2020년 1월 호에 실은 원고를 수정·보완하였다.

왕자님, 너무 감상적이에요
— 《감상주의의 승리》는 아직 한국어로 번역되지 않았다.
— http://www.zeno.org/nid/20004850424를 참고했다.

여름이었다
— 번역본으로는 강종철이 번역한 《옥스포드의 떠돌이들》(김영사, 1983)과 백지민이 번역한 《다시 찾은 브라이즈헤드》(민음사, 2018)가 있다.
— 《다시 찾은 브라이즈헤드》는 1981년 영국에서 동명의 11부작 텔레비전 시리즈로 방영되었고, 제러미 아이언스Jeremy John Irons가 찰스 라이더 역을 맡았다. 2015년 아셰트 오디오Hachette Audio가 제작한 오디오북에서 그의 원서 낭송을 들을 수 있다. 2008년에는 동명의 영화로 제작되었다.
— 이 글은 〈환경과조경〉 2021년 10월 호에 실은 원고를 수정·보완하였다.

사랑보다 아름다운 유혹의 정원
— Dominique Vivant Denon, trans by Lydia Davis, *No Tomorrow: Point de lendemain*, New York: New York Review of Books, 2009.
— 책을 준비하는 사이에 번역본이 출간되었다. 도미니크 비방 드농 저,

이효숙 역, 《내일은 없다》, 지식을만드는지식, 2024.
— 밀란 쿤데라의 《느림》(김병욱 역, 민음사, 2012)은 《내일은 없다》를 주요 모티프로 삼는다.

왕의 산책을 따라가기
— 《베르사유 정원을 보여주는 법》은 아직 한국어로 번역되지 않았다. 가브리엘 반 쥘랑Gabrielle Van Zuylen이 쓰고 변지현이 옮긴 《세계의 정원: 작은 에덴동산Tous les jardins du monde》(시공사, 1997)에 두 번째 버전의 번역본이 수록되어 있으나 다소 부정확하다.
— 이 글은 〈환경과조경〉 2021년 5월 호에 실은 원고를 수정·보완하였다.

정원에도 윤리가 있다면
— Martin Amis, *The Zone of Interest*, Vintage Publishing, 2024.
— 프리모 레비 저, 이현경 역, 《이것이 인간인가》, 돌베개, 2007.
— 루돌프 헤스 저, 서석연 역, 《아우슈비츠 수용소장 헤스의 고백록》, 범우사, 2006.
— 이 글은 《가톨릭 직장인》 제317호(2024년 가을)에 실은 원고를 수정·보완하였다.

앞으로 삶을 풍요롭게
— 《박물지》도 여러 판본이 전해지는데, 라틴어 원전과 영어 번역이 병기된 하버드 로엡 고전 총서Loeb Classical Library가 가장 널리 쓰인다. Pliny, H. Rackham trans. *Pliny: Natural History*, Vol. 1–10, Harvard University Press, Rev. 1938.
— 국내 번역본으로는 가이우스 플리니우스 세쿤두스 저, 존 S. 화이트 편, 서경주 역, 《플리니우스 박물지》(노마드, 2021)가 있으나 정원과 관련해 참조할 만한 식물학과 농업, 원예학 부분은 누락된 편저본이다.
— 야마자키 마리, 토리 미키 공저, 이재화 역, 《플리니우스 1~5》, D&C미디어, 2017~20. 원서는 총 12권으로 완간되었다.

— 이 글은 〈환경과조경〉 2021년 12월 호에 실은 원고와 〈대 플리니우스의 《자연사》에 나타난 고대 로마의 정원관 연구〉(황주영, 《한국조경학회지》, 51(5), 2023, 57-69) 후일담으로 설명 내용이 겹치기도 한다.

4 생태의 정원

인류 최초의 환경파괴범

— 《길가메시 서사시》는 여러 출판사에서 번역되었고, 어린이를 위한 축약본부터 완역본까지 다양하다. 그중 영문 중역본이 아니라 점토 석판에 새겨진 수메르어와 악카드어 원전을 바탕으로 번역한 책으로는 김산해의 《최초의 신화 길가메쉬 서사시》(휴머니스트, 2020)가 있다.
— 길가메시가 추구했던 영원한 삶과 '길가메시 프로젝트'라고 하는 현대 생명공학에 대해서는 유발 하라리가 쓴 《사피엔스》(조현욱 역, 김영사, 2015)의 '제4부 과학혁명'과 같은 저자의 《호모 데우스》(김명주 역, 김영사, 2017)를 참조하라.
— 수메르 문명과 죽음에 대해서는 허수경이 쓴 《나는 발굴지에 있었다》(난다, 2018)를 참조하라.
— 고대 문명에서의 삼림 벌채와 토양 유실의 위험은 플라톤의 《크리티아스》에도 언급되었다.
— 이 글은 〈환경과조경〉 2021년 2월 호에 실은 원고를 수정·보완하였다.

도토리 100개를 매일 심는 마음

— 《나무를 심은 사람》은 여러 출판사에서 간행되었다. 김경온이 옮긴 완역본(두레, 2018)과 김화영이 옮긴 완역본(민음사, 2009[절판]), 프레데릭 백Frédéric Back의 삽화가 포함된 판본(햇살과나무꾼 역, 두레아이들, 2002) 등이 있다. 프랑스 출신의 캐나다 애니메이터 프레데릭 백의 〈나무를 심은 사람〉(1987)의 영상은 절판되었으나 유튜브 등에서 쉽게 찾아볼 수 있다.

— 이 글은 〈환경과조경〉 2021년 11월 호에 실은 원고를 수정·보완하였다.

일어나세요, 비 공주님
— 테오도르 슈토름 저, 이미선 역, 《세 편의 동화》, 〈레겐트루데〉, 부북스, 2015.
— 어릴 적 읽었던 동화책은 금성 어린이 교육 칼라 텔레비전 세계교육동화 12 《독일 동화》, 〈비 공주〉, 금성출판사, 1978이다.

나무수염이 전하는 이야기
— 《반지의 제왕》은 여러 판본이 있다. 최근 아르테에서 개정판(김보원, 김번, 이미애 공역, 2021)이 출간되었으나, 이 책에서는 씨앗을뿌리는사람(역자 동일, 2002) 판본을 참고했다.
— 피터 잭슨 감독의 〈반지의 제왕: 반지 원정대〉(2001), 〈반지의 제왕: 두 개의 탑〉(2002), 〈반지의 제왕: 왕의 귀환〉(2003) 삼부작을 참조하라.
— 이 글은 〈환경과조경〉 2020년 5&6월 호에 실은 원고를 수정·보완하였다.

최초의, 최후의, 다시 최초의 아담과 이브
— 마거릿 애트우드 저, 차은정 역, 《오릭스와 크레이크》, 민음사, 2019.
— 마거릿 애트우드 저, 이소영 역, 《홍수의 해》, 민음사, 2019.
— 마거릿 애트우드 저, 이소영 역, 《미친 아담》, 민음사, 2019.
— 마거릿 애트우드 저, 이재경 역, 《타오르는 질문들》, 위즈덤하우스, 2022.

지구 정원사는 떠나지 않는다
— 김초엽, 《지구 끝의 온실》, 자이언트북스, 2021.

정원의 책

ⓒ 황주영, 2025

초판 1쇄 인쇄 2025년 6월 19일
초판 1쇄 발행 2025년 6월 26일

지은이 황주영
펴낸이 유강문
편집2팀 이윤주 김지하
마케팅 김한성 조재성 박신영 김애린 오민정
펴낸곳 (주)한겨레엔 www.hanibook.co.kr
등록 2006년 1월 4일 제313-2006-00003호
주소 서울시 마포구 창전로 70 (신수동) 화수목빌딩 5층
전화 02-6383-1602~3 팩스 02-6383-1610
대표메일 book@hanien.co.kr

ISBN 979-11-7213-280-4 03800

• 책값은 뒤표지에 있습니다.
• 파본은 구입하신 서점에서 바꾸어 드립니다.
• 이 책의 일부 또는 전부를 재사용하려면 반드시 저작권자와 (주)한겨레엔 양측의 동의를 얻어야 합니다.